TRANSFORMA TU VIDA AL
100 & 100

Ari Global

AG | ARI GLOBAL SHOW

Transforma tu vida al 100 x 100
© Ari Global, 2022

AG | ARI GLOBAL SHOW

www.globalari.com

A todas las personas que tienen un gran sueño
y quieren hacerlo realidad.

ÍNDICE

INTRODUCCIÓN

Todos en este planeta tenemos la capacidad de transformar nuestras vidas al 100x100. La mayoría de las personas más exitosas han pasado por muchos obstáculos, puertas cerradas y rechazos. Muchos empezaron de la nada, con muy pocas oportunidades y prácticamente sin dinero en el banco. Y te preguntarás, ¿qué hicieron para poder alcanzar sus sueños y transformar sus vidas? Todos ellos tienen varios factores en común.

Para transformar nuestras vidas hay una serie de pasos que debemos seguir y tener en cuenta. En este libro te mostraré cuáles son esos pasos que puedes aplicar para cambiar tu realidad, inspirados en los consejos e historias que fueron compartidos por algunas de las celebridades con las que he conversado en mi programa.

He tenido la oportunidad de entrevistar a más de 300 personalidades del mundo del entretenimiento a través de "Ari Global Show" y en este libro comparto varios de los consejos de las personas más influyentes del planeta. Algunas de las figuras públicas invitadas han sido Jennifer López, Samuel L. Jackson, Nicky Jam, Vanessa Hudgens, Luis Fonsi, Amy Schumer, Antonio Banderas, Ozuna, Oscar de León, Eva Longoria, Benicio del Toro, Carlos Vives, Shaquille O'Neal,

Natti Natasha, Anna Kendrick, Gerald Butler, Ivy Queen, Camilo, Prince Royce, Wilmer Valderrama, Eugenio Derbez, Ismael Cala, Alejandra Guzmán, David Harbour, Seth Rogen, Ruby Rose, Michael Peña, Eiza González, Kuno Becker, Isabela Merced, Tyler Perry y Alejandro Sanz, entre muchos más.

La intención de las entrevistas y de este libro es mostrarte que si ellos lo lograron tú también puedes hacerlo. Independientemente de la situación en la que estés, tú eres capaz de transformar tu vida al 100x100. No importa si no tienes suficiente dinero, si atraviesas un fracaso laboral, si tienes sobrepeso, si has tenido relaciones tóxicas, si te sientes deprimido, si estás pasando por una mala situación, si crees que no eres suficiente o si lo perdiste todo, sea cual sea la situación debes de saber que tienes la capacidad de transformar tu vida al 100x100 y conseguir lo que has soñado. Estas personas han logrado alcanzar grandes cosas en sus vidas y cumplieron sueños que para muchos parecían imposibles. Te preguntarás, ¿cómo es que esas personas llegaron tan lejos y fueron capaces de transformar sus vidas?

Lo más importante de todo, la base sobre la cual se construye todo el éxito es que ellos creyeron en sí mismos y en sus ideas. Aunque muchos los llamaran locos y les hayan repetido mil veces que sus sueños eran imposibles, no se detuvieron ante las adversidades. A pesar de todo, siguieron avanzando con confianza, creyendo en sí mismos, teniendo fé para poder ver más allá de lo racional y de lo lógico.

En este libro encontrarás algunas ideas clave que te dirán cómo convertirte en tu mejor versión todos los días para así poder transformar tu vida al 100x100. Algunos de los consejos están relacionados a temas como la importancia de seguir tu intuición, esa voz interna que te dice cuál camino debes tomar.

Cómo los miedos se convierten en la mayor barrera de obstáculos a la hora de alcanzar nuestros sueños. La pasión como nuestro motor para seguir adelante. Lo fundamental que resulta tener amor propio y la importancia de saber decir no. Cómo utilizar la ley de la atracción. El poder de vivir en el presente. La ganancia que hay al atrevernos y arriesgarnos. La importancia de tener disciplina, consistencia y persistencia para alcanzar nuestras metas. La gratitud como clave para vivir en abundancia. La paciencia como herramienta necesaria para no dejar un sueño a medias. Los beneficios de ser honesto, leal y puntual. Cómo tener certeza, seguridad y convicción. El valor intangible de ayudar a los otros. Entrar en acción para lograr comprometerse y optimizar los resultados. Pensar en positivo y no sabotear las bendiciones que están por llegar. Cómo podemos evitar los pensamientos negativos, resistencias o bloqueos. La importancia del networking para crecer en todos los aspectos. Lo esencial de valorarnos e invertir en nosotros mismos para poder atraer momentos y personas espectaculares. Lo valioso de hacer todo con amor y actuar en amor para que las cosas fluyan. El papel crucial de tener fe para avanzar y que los caminos se abran.

Lo que te propongas es posible, todos nos merecemos lo mejor y todos tenemos la capacidad de transformar nuestra realidad. No lo olvides: lograrlo dependerá principalmente de ti mismo, de tu actitud. Nosotros somos los responsables de conseguir nuestra meta o no, ¡Todo está en ti! Tú y todos los que vivimos en este lindo mundo tenemos el poder de transformar nuestras vidas, pero debemos dar el 100x100 en cada situación y en cada momento.

Cuando das el 100x100 no hay obstáculos ni barreras que nos puedan detener. Así que empieza a creértelo, date cuenta de que puedes tener esa vida que tanto deseas. Atrévete y verás.

NOTA: Todos las preguntas y respuestas de los artistas compartidas en este libro son contenido exclusivo de mi programa Ari Global Show.

SOBRE ARI GLOBAL

Ariana Plaza (**Ari Global**) es una presentadora bilingüe de televisión, productora, creadora de contenido, influencer, especialista en relaciones públicas y comunicación. Es la creadora de "**Ari Global Show**" y CEO de "**Global Entertainment Enterprises**".

Ari Global tiene la creencia de que todas las personas tienen una historia inspiradora para contar. Además, cuenta con un don especial para conectar con sus entrevistados y su audiencia.

Su misión es inspirar y motivar a las personas a que, a través de sus entrevistas y contenido, descubran su verdadero potencial. Ha entrevistado a más de 300 celebridades del mundo del entretenimiento: actores de Hollywood, cantantes famosos, figuras del deporte, emprendedores y grandes artistas de todas partes del mundo.

Se graduó en la **Universidad Americana de París (AUP)**, con especialización en Comunicaciones Globales. Recibió un certificado en Gestión de Eventos de la **Universidad de Nueva York (NYU).** En Londres asistió a un curso de formación profesional en medios y presentación televisiva en la **BBC**.

Cuenta con más de medio millón de seguidores en Instagram y más de un millón de interacciones mensuales promedio en

YouTube. Algunas de sus entrevistas en YouTube registran más visitas que las realizadas por las principales cadenas televisivas.

Ari Global tiene gran presencia en diferentes facetas de la industria del entretenimiento. Ha sido invitada y colaboradora en cadenas televisivas como **CNN, NBC, ESPN, Telemundo, HolaTV, People en Español y Univisión.**

Nació en Venezuela y ha vivido en muchas ciudades diferentes como Caracas, París, Nueva York, Miami y Madrid. Su crianza, su educación y exposición a diferentes culturas le ha dado una perspectiva única que aplica a sus entrevistas.

ARI GLOBAL SHOW

Su pasión por el entretenimiento y la producción la inspiró a crear su propio segmento de TV "**Ari Global Show**". Este es un programa de televisión bilingüe (español-inglés) enfocado en motivación y entretenimiento que recibe como invitados a grandes estrellas: actores, cantantes, emprendedores, deportistas, influencers y las figuras públicas más populares del momento.

El propósito principal de cada entrevista que realiza es poder inspirar a los demás sobre las historias de sus invitados. Para lograr esto se dedica a realizar esas preguntas que van más allá de lo evidente, busca puntos de inspiración sobre la carrera y la historia del artista.

Entre sus invitados encontramos personalidades de Hollywood, los cantantes más populares y las figuras más reconocidas del mundo del entretenimiento. También ha cubierto numerosos eventos de alfombra roja, premios de música y galas: The Billboards en Las Vegas, Latin Grammys, Los 40 Principales en España, Super Bowl, Miami Fashion Week y la Gala de Saint Jude Hospital.

Ari Global Show se distribuye en diferentes canales de televisión en Estados Unidos, Europa y Latinoamérica. También puedes ver y escuchar el show en las principales plataformas digitales del mundo: Apple, Itunes, Spotify, Youtube, Google podcast, Deezer y I Heart Radio.

GLOBAL ENTERTAINMENT ENTERPRISES, LLC

Ari Global es la CEO de **Global Entertainment Enterprises**, una empresa de producciones audiovisuales y contenido de marca de alto impacto. También es una empresa experta en crear estrategias de marketing a nivel internacional. La compañía tiene una amplia experiencia en el mercado, ya que ha trabajado con numerosos e importantes clientes, emprendedores, talentos y marcas líderes a nivel internacional. La empresa ofrece servicios de producción, filmografía, organización de eventos, branding, diseño, relaciones públicas, gira de medios, marketing, gestión de redes sociales, entre otros..

GERALD BUTLER

JLO

SEBASTIAN YATRA

STEVE AOKI

JUGADORES SUPER BOWL SAN FRANCISCO 49ERS

ANTONIO BANDERAS

CARLOS VIVES

RAFAEL NADAL

SHAQUILLE O'NEAL

HENRY CAVILL DE SUPERMAN Y MISIÓN IMPOSIBLE

DAVID KAHBOUR DE STRANGER THINGS Y HELLBOY

NICKY JAM

JENCARLOS CANELA

JUANES

RUBY ROSE

SETH ROGEN AND O'SHEA JACKSON JR

GILBERTO SANTA ROSA

JESSE Y JOY

GABRIELA ISLER

NATALIA JIMÉNEZ

ALEX FERNÁNDEZ

CHOCQUIBTOWN

CHRISTIAN CASTRO

BOZA

MARK DACASCOS Y ASIA KATE DILLON DE JOHN WICK

PALOMA MAMI

WILMER VALDERRAMA

BAILEE MADISON MARTIN HENDERSON

CHYNO MIRANDA

DALEX

BARBARA MUSCHIETTI Y DIRECTOR ANDY MUSCHIETTI DE IT

JASON CLARKE DE PET SEMETARY

KANNY GARCIA

JUSTIN QUILES

ISMAEL CALA

BECKY G

LUIS FONSI, CARLOS BAUTE, ALEJANDRA GUZMÁN, WISIN

SAMUEL JACKSON, JESSIE T. USHER Y RICHARD ROUNDTREE

CNCO

BENICIO DEL TORO GANADOR DEL OSCAR

AMY SCHUMER

BAD BUNNY

DANI MARTÍN

EVANGELINE LILLY MARVEL STUDIOS /ANT-MAN AND THE GASP

SECH

NATTI NATASHA

LALI ESPOSITO

KUNO BECKER

OZUNA

IL VOLO

MARK WAHLBERG

FONSECA Y SILVESTRE DANGOND

SPIDER MAN

TYLER PERRY

EVA LONGORIA Y EUGENIO DERBEZ

DE LA GHETTO

CHUCKY MOVIE AUDREY PLAZA

CHADWICK BOTEMAN

ANNA KENDRICK Y DIRECTOR PAUL FEIG

STORM REID DE A WRINKLE IN TIME

PAULINA RUBIO

KARL URBAN

JOEL EDGERTON Y NASH EDGERTON DE GRINGO

TAYLOR SCHILLING NOMINADA MEJOR ACTRIZ AL GOLDEN GLOBE AWARDS

PATRICIA VELÁSQUEZ LA LLORONA

LASSO

DESEMER BUENO

DON FRANCISCO

ISABELLA MONER

JULIETA VENEGAS

NACHO

ATRÉVETE Y
CORRE RIESGOS

La vida es muy corta para lo poquito que nos atrevemos así que siempre atrévete a conseguir todo aquello que sueñas y deseas. El mayor error que podemos cometer es no ser completamente arriesgados al momento de tomar las decisiones que nos llevarán a nuestro objetivo principal. Tener que tomar decisiones arriesgadas puede causarnos mucho miedo al principio, pero superar este miedo es la única forma de experimentar un montón de nuevas oportunidades que nos ayudarán a alcanzar nuestra meta. Lo que no debemos hacer es quedarnos estáticos sin hacer absolutamente nada, porque así no vamos a avanzar nunca. Como dijo Albert Einstein: "Nada sucede hasta que algo se mueve".

Las personas que arriesgan siempre destacan entre los demás. Sobresalen y son admirados por ser valientes. Al final del día siempre nos arrepentiremos de las cosas que no hicimos. Así que atrévete y siempre da lo mejor de ti. Arriésgate a hacer lo que pide tu corazón y verás como todo empieza a tomar forma y sentido.

Lo peor que te puede pasar al arriesgarte es que te digan que no, pero así como esas puertas se cierran, otras muchas mejores se abren cada día. La vida es un constante ensayo y error, una oportunidad viene y otra se va, un día estamos aquí y al otro estamos allá, la cuestión es saber qué hacer con cada experiencia que se nos presenta, saber sacar provecho de cada una y crecer.

Hay veces que tenemos miedo a intentarlo, pero justamente ese miedo es lo que nos indica que debemos hacerlo. Cuando te arriesgas y sales de tu zona de confort, evolucionas, logras romper con aquello que te ata, que limita tu triunfo. Aunque no consigas tu objetivo al primer intento, tu vida cambiará positivamente y te sentirás mucho más seguro de ti mismo y mucho más capaz a la hora de lograr y alcanzar las metas. No basta con solo pensarlo, hay que entrar en acción y cuanto antes lo hagamos, mucho mejor. Al superar cada reto, se te hará más fácil arriesgarte a hacer las demás cosas.

¿Qué hubiera sido de los grandes genios, visionarios, artistas, científicos y personas exitosas de no haber sido porque en un momento dado decidieron arriesgarse? Nada los detuvo, ni siquiera los obstáculos más grandes. Si no se hubiesen atrevido, sus descubrimientos, sus logros, sus éxitos jamás hubiesen existido.

Debes permanecer enfocado, mantener tu energía al 100x100 en todas las cosas positivas que te rodean, y salir de ese lugar oscuro de tu mente. Para arriesgarte es muy importante pensar siempre en positivo porque si te arriesgas teniendo pensamiento negativos, eso es lo que atraerás a tus experiencias. Confía en ti, cree en tus ideas, confía en que el universo quiere lo mejor para ti y que eres merecedor de todas las cosas lindas y maravillosas. Y si en ese momento no se da, recuerda que las grandes oportunidades, aquello que realmente vale la pena, toma tiempo, trabajo, mucha fe y energía, pero debes seguir así todos los días y a toda hora.

Ser arriesgado te hace sentir vivo. La vida fue hecha para vivirla, aprender de nuestros errores y seguir avanzando. El cambio es algo que siempre va a estar garantizado pero asegúrate que ese cambio que haces sea para tu propio bien y para tu propia evolución. Tú eres el único responsable y capaz de cambiar tu realidad, sin importar la circunstancia en la que estés o las personas con las que estás compartiendo tu vida, el poder lo tienes tú, el poder está en si te atreves a vivir esa vida que quieres.

Cuando te atreves a hacer las cosas que deseas, todo se empieza a transformar en tu vida y nuevas oportunidades surgen. Las lecciones más valiosas de nuestras vidas las aprendemos cada vez que nos arriesgamos y es ahí donde encontrarás tu propósito y cumplirás tus más grandes metas y logros. Una vez que te arriesgas estás tomando el control de tu destino, le mandas un mensaje al universo de qué es lo que realmente anhelas.

El éxito es muy posible cuando te arriesgas. La vida, para vivirla a plenitud, requiere que estés dispuesto a renunciar a la seguridad de lo que tienes para ir tras la manifestación de lo que quieres. Si quieres aumentar tu éxito y tu calidad de vida, la mejor forma de lograrlo es arriesgándote y atreviéndote. En este libro mencionaremos con frecuencia la palabra "éxito". Por éxito me refiero al logro de las metas y objetivos que te propones, algunos llegarán con el reconocimiento de las demás personas, otros serán éxitos privados. Cualquiera que sea la forma, de lo que se trata es de conseguir lo que anhelas. Hay éxitos privados, públicos, individuales y colectivos. Para el logro de todas estas formas de éxito van dirigidas las palabras de este libro. De esta manera, y en camino hacia el éxito, la única forma de avanzar es aprender a dejar ir los pensamientos que te limitan, para lograr las cosas que quieres, y para ello debes tomar riesgos.

La vida merece ser experimentada, vivida al máximo, llevada al extremo de lo posible y lo imposible. Así que, ¡ATRÉVETE!

Atrévete si quieres transformar tu vida al 100x100 .

ENTREVISTAS A CELEBRIDADES EN "ARI GLOBAL SHOW" SOBRE LA IMPORTANCIA DE ATREVERSE Y CORRER RIESGOS:

. . . .

♦ JENNIFER LÓPEZ.

JLO es el perfecto ejemplo de que si de verdad queremos algo podemos lograrlo, por más difícil que sea. Ella ha logrado mostrarle al mundo que si uno sale de su zona de confort y va más allá de los límites y obstáculos no hay nada ni nadie que pueda pararte. Ella, "Jenny from the block" supo transformar su vida saliendo del Bronx y tomando el mundo por sorpresa, sin prisa pero sin pausa convirtiéndose en una super estrella y creando un imperio multimillonario. En mi entrevista para la película "Hustlers", JLo dijo lo siguiente sobre la importancia de salir de tu zona de confort y atreverse:

—**Ari Global:** JLo, eres el ejemplo perfecto de que todo en esta vida es posible. Llegué a escuchar alguna vez que lo único que detiene a alguien para alcanzar una meta es uno mismo ¿Por qué pasa esto?

—**JLO:** Yo creo que cualquier cosa que queramos hacer será posible trabajando duro y concentrándose en ello. Muchas veces es nuestra propia mente la que nos lleva hacia lo negativo, "tal vez esto no va a pasar", "tal vez no soy bueno para esto", "no soy tan importante para esta familia", "no tengo esta educación" eso no importa. Si hay algo que realmente quieras hacer, yo creo que puedes hacerlo.

—**Ari Global:** En una de tus últimas publicaciones mencionas que "*la vida comienza donde termina tu zona de comodidad*" ¿Por qué lo dices? ¿Esta película de qué forma te saca de tus límites?

—**JLO:** De muchas maneras, lo verás cuando veas la película, ahí lo entenderás. Hice cosas que no había hecho antes, ¡Y fue súper atemorizante! Pero como te dije, salir de esa zona de comodidad, hacer las cosas aún cuando sientas miedo de alguna forma te hace sentir vivo. Tú quieres hacerlo, quieres lograrlo, entonces te das cuenta de que puedes ir más allá, hay más cosas que puedes hacer. El reto de no quedarte estancado es lo que lo hace emocionante. Tienes que hacer muchas cosas y esforzarte.

♦ LUZ MARÍA DORIA.

Luz María Doria es una de esas personas que tenía muchas ganas de entrevistar y cuando lo hice me comentó que una de sus palabras favoritas era "Atrévete". Ella es una de las productoras más influyentes de la televisión hispana en los Estados Unidos. Actualmente es vicepresidente y productora ejecutiva de "Despierta América", el programa matutino de noticias más visto en español de la TV estadounidense en los últimos años. Además es conferencista, periodista y autora de dos grandes libros "La mujer de mis sueños" y "Tu momento estelar". Podemos decir que es una de las mujeres más inspiradoras que he entrevistado.

—**Ari Global:** Al momento de atrevernos, de arriesgarnos ¿Nos podrías dar un consejo?

—**Luz María Doria:** Atreverse a todo, hay que atreverse a ser buena persona, hay que atreverse a ser generoso, hay que atreverse a ser valiente, hay que atreverse a decir "te quiero", hay que atreverse a decir "perdón", hay que atreverse a decir "me lo merezco", hay que atreverse a decir "me voy". Todas esas cosas que te he mencionado no pasan porque uno no se atreve, entonces para mí es la palabra mágica, ¡Atrévete!.

◆ NATALIA JIMÉNEZ.

Es una de las estrellas más importantes de la música, ganadora de múltiples premios internacionales como los Grammy, Billboard, Premios Lo Nuestro y además ha colaborado con leyendas de la música como Juan Gabriel, Ricky Martin, Marc Anthony y Daddy Yankee. Ella empezó su carrera cantando en el metro de Madrid y pudo transformar por completo su vida. Nos habla sobre lo importante que es arriesgarse por aquello que amas.

—**Ari Global:** Es importante creer en uno mismo, sobre todo en esta carrera, porque uno ve la parte exitosa pero detrás del éxito hay muchos rechazos, hay muchas personas que te dicen que no, y tengo entendido que empezaste desde muy joven a cantar en el metro para darte a conocer. ¿Cuál es la clave para llegar al éxito, y qué le recomendarías a todas las personas que quieren lograr algo grande como lo has logrado tú?

—**Natalia Jimenez:** La verdad yo creo que es una mezcla de fortuna, suerte, trabajo duro y arriesgarse. Yo muy bien podría haber dicho cuando me presentaron el contrato de México, cuando estaba con la Quinta Estación "¿Yo a México? ¿Y mi familia? ¿Sin mis amigos? ¿Qué voy a hacer yo allá?". Yo podría haber dicho que no, pero me arriesgué y me fui. Yo era de Las Rosas en Madrid, que en aquel entonces era un pueblo, y yo me largué (risas).

♦ SAMUEL L JACKSON.

No es solamente uno de los actores más populares, además es productor de cine, televisión y teatro. Actualmente es el actor con mejor recaudación de taquilla del mundo. Ha trabajado en más de 120 películas. Tuve la oportunidad de entrevistarlo sobre la legendaria película "Shaft" junto a los actores Richard RoundTree y Jessie Usher (las tres generaciones de Shaft), y ellos me contaron que una de las características del personaje es ser honesto y tomar riesgos.

—**Ari Global :** ¿Cuáles son las características principales que un Shaft debe tener?

—**Samuel L Jackson:** Tienes que ser cool y estar tranquilo bajo presión.

—**Jessie Usher:** Tienes que ser valiente y audaz.

—**Richard Roundtree:** Y honesto.

—**Jessie Usher:** Muy honesto.

—**Ari Global :** Y ser capaz de tomar riesgos, ¿cierto?

—**Samuel L Jackson:** Sí, definitivamente tienes que tomar riesgos. Y buen gusto en accesorios de cuero.

—**Richard Roundtree:** Definitivamente tienes que tomar riesgos.

♦ LASSO

Es un cantante, actor, compositor venezolano, ha colaborado con grandes artistas como Danna Paola, Micro TDH, Ana Guerra, Cami Paty Cantú entre otros y ha recibido múltiples premios y nominaciones Pepsi Music, Fans Choice Awards, Heat Latin Music Awards, Premios HTV y recientemente fue nominado a los premios Latin Grammys. Su último disco "Cuatro estaciones" suma más de 100 millones de streams en Spotify y casi 100 millones de reproducciones de sus videos en Youtube.

—**Ari Global:** Tengo entendido que vendiste tu primer carro para pagar tu primer disco y se lo ocultaste a tus padres. Háblanos de tus inicios y tu pasión por la música

—**Lasso:** Bueno, arriesgar todo lo que tengo todo el tiempo es generalmente lo que hago, como cuando hice el juego de "¿Quién mató a Agatha Hall", pero lo del carro fue algo... cuando tú eres joven, cuando eres un niño, porque yo era un niño realmente, tú no tienes activos, yo tenía un carro que me había comprado mi familia, todos habían reunido para comprarme un carro, yo tenía una Caribe del 87, que yo siempre digo que ese carro era tan viejo que fue el carro con el que Bolívar liberó a América, y era un carro que era lo que yo tenía y eso fue lo que vendí por la música, era lo que tenía. Yo me arriesgué.

♦ GUILLERMO PLAZA

Guillermo Plaza es mi hermano y una de las personas que más admiro. Él es uno de los emprendedores y creadores de Rappi, una de las empresas de delivery más importantes de América Latina, que en solo pocos años logró un ascenso astronómico y se convirtió en una empresa multinacional de intermediación y tecnología. Ha sido definida como la SupperApp latinoamericana y una de las empresas de mayor crecimiento de la región. Cuando comenzaron eran solamente jóvenes soñadores apasionados (siguen siendo muy jóvenes) que lucharon con intensidad, convicción y entrega, más allá de lo que parecía racional. Lo que lograron incluso superó sus expectativas.

—**Ari Global:** Te arriesgaste a crear una compañía de cero junto a tus socios. Al inicio recuerdo que ibas de puerta en puerta entregando las comidas e inclusive pasabas días que no dormías. Preferiste correr este riesgo mientras otra persona en tu lugar hubiera escogido la seguridad de un trabajo estable. Hoy en día Rappi se ha convertido en una empresa unicornio. ¿Qué le recomiendas a los jóvenes que están empezando una compañía o desarrollando una idea para lograr lo que se proponen?

—**Guillermo Plaza:** Recomendaría a todos los jóvenes que están entrando al mercado laboral a no trabajar en una compañía grande, de buen nombre o donde te ofrezcan un salario alto y calidad de vida. Si todavía no estás listo para emprender, lo mejor que puedes hacer es unirte a un emprendimiento pequeño con una misión grande, aún si la compañía no es conocida o tienes un salario bajo. Poder aprender construyendo algo, viendo todos los ángulos y con gente con determinación, te contagia y te moldea para el resto de tu vida, especialmente si tienes la curiosidad, humildad y energía para dedicarle tu corazón al proyecto. Toma la ruta difícil e incómoda desde un inicio, experimenta continuamente en emprendimientos donde tu impacto sea visible y poco a poco vas a entender qué te apasiona y en qué eres bueno. Una vez que descubras lo que te apasiona y hayas trabajado de lleno en algo donde tengas impacto, lo que hagas de ahí en adelante debería estar conectado con tu ADN y el éxito llegará tarde o temprano, porque no hay nada más especial que una persona determinada, con habilidades reales para construir (no teóricas) y con una misión conectada a su esencia.

LA PASIÓN ES CLAVE

¿Tu meta en la vida es ser el mejor cantante? O tal vez aspiras a ser dueño de una gran empresa con sedes dentro y fuera de tu país? O convertirte en el mejor chef de tu ciudad, un actor destacado, un cantante reconocido, un escritor premiado. Independientemente de cuál sea tu sueño, la chispa que necesitas para hacerlo realidad es la pasión. La pasión es el motor que te conduce al éxito, así que asegúrate de tenerla presente a la hora de trabajar en tus objetivos.

La pasión es el sentimiento que nos incita a lograr nuestras metas, por eso es importante conocernos a nosotros mismos para saber lo que queremos y así dedicarnos a cosas que nos hagan sentir pasión, ya que si está presente, lograremos convertir el trabajo en un acto de placer.

Todas las personas famosas o aquellas que han alcanzado el éxito tienen una cosa en común: han sentido una gran pasión por lo que hacen. Las personas que han logrado grandes cosas han pasado por muchos obstáculos, pero se han entregado tanto a lo que los apasionaba, que nada los ha detenido para seguir luchando e insistiendo por sus sueños.

El camino para lograr nuestras metas no siempre será fácil, nos encontraremos con grandes obstáculos, experimentaremos el rechazo y la decepción. La pasión nos da la fuerza suficiente para que los momentos difíciles no se conviertan en la condena de nuestros sueños. En estos momentos vamos a perder la motivación y vamos a querer rendirnos y aquí es donde el nivel de pasión que sentimos por aquello que hacemos se revelará. ¿Te apasiona lo suficiente para seguir intentándolo?.

Si la respuesta es no, será fácil abandonar, darte por vencido y renunciar. Pero si la respuesta es sí, no te detendrás. El tipo de energía positiva que genera la pasión es el mejor estimulante para lograr nuestras metas, es nuestro combustible a la hora de afrontar las dificultades y nos impulsa a seguir transitando firmemente hacia el éxito. Una persona apasionada es prácticamente indetenible porque dentro de ella existe una llama que la guía y la ilumina en los tiempos oscuros.

Permítete experimentar distintas cosas e ir descubriendo qué es lo que te apasiona, este autoconocimiento te ayudará y será necesario durante todo el proceso de lucha por lo que quieres. La vida es muy corta para no hacer las cosas que te apasionan. Tal vez tengas días en los que todo te parece igual y no sientes ningún cambio, ¿por qué no arriesgar un poco y atreverte a dedicarle tu tiempo a algo que verdaderamente te emociona?.

La pasión está ahí cuando se despierta el interés por algo, es el primer paso para alcanzar un logro, aumenta la intensidad de tu voluntad y estimula el talento que tienes. Esa emoción que sentimos cuando estamos haciendo algo que nos gusta y en lo que notamos que tenemos facilidad se llama pasión, por eso es que en esos momentos sentimos que queremos esforzarnos así estemos cansados. La pasión es la motivación que nos da fuerza para actuar.

Una persona apasionada siempre llegará más lejos que una persona con talento pero sin pasión. La pasión nos ayuda a nosotros mismos a ir más allá de nuestros límites. El hacer lo que nos gusta, de paso, nos hace transmitir ese entusiasmo a otras personas. Es como la energía que enciende el fuego para lograr todo.

A lo largo de la historia muchas personas han sido consideradas locas por perseguir sus sueños. Estas personas han sido rechazadas, han sido tratadas de ilusas y no han contado con el apoyo de aquellos a su alrededor. Pero el nivel de pasión que sentían por su meta particular los hizo continuar.

Si quieres transformar tu vida tienes que estar 100x100 apasionado por aquello a lo que te dediques.

. . . .

ENTREVISTAS A CELEBRIDADES EN
"ARI GLOBAL SHOW" SOBRE LA
IMPORTANCIA DE TENER PASIÓN:

. . . .

♦ NATTI NATASHA

Llegó a convertirse en la artista femenina más escuchada en YouTube superando a Ariana Grande, Taylor Swift, Cardi B, entre otros. Su canción con Becky G supera los mil millones de visitas. Ha hecho colaboraciones con grandes artistas como Maluma, Daddy Yankee, Ozuna, Prince Royce y la lista continúa. Para llegar a ser la estrella que es hoy tuvo que pasar por muchos sacrificios y circunstancias económicas muy difíciles. Ella nos cuenta que cuando amas lo que haces siempre vas detrás de ese sueño.

—**Ari Global:** La serie "Everybody Loves Natti" da acceso total a una mirada detrás de cámara de cómo lograste salir adelante por ti misma para convertirte en la superestrella de la música latina que eres hoy en día. Para llegar a donde has llegado tuviste que pasar por muchísimos sacrificios, mucha veces que te dijeron que no, momentos de incertidumbre, de soledad, de depresión ¿Nos podrías contar sobre esos momentos difíciles en tu vida y qué te dio fuerza para salir adelante?

—**Natti Natasha:** Yo digo que los sueños que uno tiene y las metas por trazar nos inspiran siempre el querer salir adelante, el querer ser alguien en la vida, cuando amas lo que haces siempre vas detrás de ese sueño y es muy importante siempre tener un norte muy marcado, enfocarse en eso. Para mí fue importante hacerlo, yo misma salí de mi zona de confort, me fui de República Dominicana a una ciudad como Nueva York que es súper grande, ¡Para mí una aventura!

Somos así muy apasionados, yo a veces me siento gitana porque yo podía estar aquí o allá mañana porque me decía:"Bueno sabes qué es una aventura, esto yo me lo voy a vivir porque yo sé que en un futuro voy a poder decir la historia y voy a servir de inspiración" y así fue, yo siento que todos pasamos por ese tipo de cosas, conozco muchas personas que también son inmigrantes, pude ver como es el trato ¡pude ver todo! Pasé por las humillaciones, por todo eso, así que los latinos tenemos mucho que dar, por eso cuando yo represento a los latinos con mi música lo hago con muchísimo orgullo.

♦ VANESSA MARTÍN

Se ha convertido en una de las artistas españolas más consagradas. Para alcanzar sus sueños, Vanessa empezó a cantar en bares, durante esos momentos fue la pasión por el canto y el performance lo que la mantuvo determinada para alcanzar el éxito. Su mensaje para el mundo es: jamás abandonen sus sueños.

—**Ari Global:** Tengo entendido que naciste en Málaga, luego te mudaste a Madrid y como uno de los pasos necesarios para alcanzar tus sueños e iniciar tu carrera artística, empezaste a cantar en bares. ¿Nos podrías describir las situaciones que experimentaste al inicio de tu carrera? Y ahora que has conseguido tantos logros, ¿qué le recomiendas a todos esos jóvenes soñadores que están justo ahora iniciando ese viaje e intentando construir su carrera artística?

—**Vanessa Martín:** Empezaré por decir que jamás hay que abandonar un sueño, por mucho que te lo diga todo el mundo. Yo recuerdo cuando llegué a Madrid, justo era la primera explosión de Operación Triunfo. Yo empezaba con mi maqueta e iba sola a moverme por diferentes discográficas y demás a entregarla, a ver si me escuchaban, y yo recuerdo que me decían: "Ahora es muy difícil, es imposible porque está el mercado lleno de la gente, de los artistas de Operación Triunfo y demás, es complicadísimo, es mejor que vuelvas dentro de dos años". Y yo decía : "bueno por lo menos escucha la maqueta".

Eventualmente, te das cuenta que cuando de verdad tienes un sueño, tienes personalidad y hay materia prima, la gente se empieza a emocionar contigo y ves que te eligen una vez, y otra, y otra. Agradezco cada día el haberme atrevido, en aquel entonces, a venirme a vivir a Madrid con una mano adelante y otra detrás. Recuerdo que caminaba por Madrid y yo decía: "¡wow, esto lo voy a conseguir!".

Después mi carrera ha ido progresivamente, no te creas que mi carrera empezó a golpe de una campaña de

marketing brutal. Cuando yo llegué a Madrid las primeras veces recuerdo cantar hasta para cinco personas, o sea
porque no me conocía nadie, pero yo iba súper contenta
con mi guitarra, recuerdo esa etapa con muchísimo cariño
y gracias a esa etapa, como la viví, como fue, a día de hoy
valoro tanto todo. Hay que seguir lo que nos apasiona y
poco a poco se van abriendo las puertas.

♦ GREEICY

Es una compositora, cantante y actriz colombiana que ha
cautivado a la audiencia internacional por ser una propuesta artística fresca y única convirtiéndose en la nueva promesa
del pop urbano femenino. Su álbum "Baila" ya tiene más de
dos mil millones de streams combinados en todas plataformas
digitales. Greeicy participó en el concurso "X-Factor" y su carrera fue creciendo. Ha colaborado con Anitta, David Bisbal,
Alejandro Sanz, Tini, y Nacho. Ella nos compartió lindos consejos de cómo lograr y alcanzar nuestros sueños.

—**Ari Global:** Eres el ejemplo perfecto de una mujer lu-
chadora que persigue sus sueños hasta alcanzarlos ¿Cómo
podrías aconsejar a esas personas que están luchando por
conseguir sus sueños y no lo tienen tan fácil?

—**Greeicy:** Yo creo que nunca hay una regla, no hay un
camino exacto, creo que los sueños de cada quien se dan
de maneras distintas, tú y yo podemos tener el mismo sueño o podemos hablar con otro artista y te va a contar una
historia completamente diferente, creo que lo importante
es dedicarte a lo que realmente te guste porque cuando
uno hace lo que en verdad le apasiona desde el alma, y de
verdad sientes que te gusta, no tienes pretensiones apresu-
radas y vas a disfrutar todo el proceso, todo el camino, vas
a disfrutar el caerse y decir "me equivoqué pero me vuelvo

a parar porque es lo que me gusta". Creo que lo importante es estar seguros que el tiempo que invertimos en la vida sea algo que nos sume y que de verdad nos guste de corazón.

◆ WINSTON DUKE

Es un actor de Hollywood, mejor conocido por su papel de M'Baku en el Universo Marvel. Ha trabajado en películas como "Black Panther", "Avengers: Infinity 'Us", "Nine Days" entre otras. Su historia nos invita a siempre seguir nuestra pasión y sueños.

—**Ari Global:** ¿Cómo una persona de Trinidad y Tobago termina en la Universidad de Yale y teniendo un papel en una película de Marvel?

—**Winston Duke:** Quiero empezar diciendo que hay que soñar y soñar cosas grandes, y saber que lograr tus sueños es posible. Los inmigrantes son soñadores. Los inmigrantes son soñadores en la medida que sueñan que sus vidas pueden ser diferentes, y con esto no quiero decir mejores, simplemente diferentes, y ellos se mudan a otros lugares y persiguen eso y tratan de ser felices. Ir a Yale y estar ahora en múltiples películas de Marvel empezó todo con sueños.

◆ MORA

Según la revista BIllboard está en el TOP10 de compositores y productores. Se lanzó como cantante, faceta en la que también ha ido cosechando éxitos. Llegó a componer una de las canciones más pegadas de Bad Bunny "La difícil". Tuve la oportunidad de entrevistarlo durante la pandemia como uno de los artistas en ascenso. Una de las primeras canciones "Noche Loca" cuenta con más de 40 millones de visitas. Ha trabajado con artistas como Feid, Bray, Big Soto Eladio, MyKe Towers, Rafa Pabón, Jay Cortez entre otros.

—**Ari Global:** Cuéntanos algunos consejos que nos podrías compartir para que la gente se distraiga en esta cuarentena.

—**Mora:** Yo pienso que la gente debería buscar eso que les apasiona, ya sea limpiar zapatos, tocar algún instrumento, piano, guitarra, cantar, bailar. Lo que te guste hacer y que lo puedas hacer desde tu casa, hazlo, crea todo lo que puedas crear. Estamos en un momento en que no se puede hacer nada y lo único que le podemos sacar provecho es al arte, a eso que te gusta, ya sea jugar ajedrez, envuélvete, mantén la mente activa para que no te vuelvas loco.

♦ MOZART LA PARA

Es uno de los cantantes dominicanos de música urbana, hip-hop y rap, que ha logrado que varias de sus canciones tengan millones y millones de visitas. Ha trabajado con artistas como Farruko, el grupo Aventura, Daddy Yankee, Alcover y Justin Quiles. El rapero es también conocido por su flow de freestyle. Podemos decir que actualmente es el líder del movimiento urbano en República Dominicana.

La canción "*Mujeres* remix" con Justin Quiles, Farruko, Jowell y Randy alcanzó el número 1 en el Hot100 de Billboard, el listado de popularidad de canciones más importante de Estados Unidos. Tiene varios sencillos que han sido virales "Si Te Pego Cuerno" con Farruko, cuenta con 76 Millones de views y "Mami Yo Quisiera" cuenta con 16 millones de views. Mozart La Para nos habla sobre lo difícil que fueron sus inicios, por qué le apasiona tanto el rap y hace lo que sea para seguir esa pasión .

—**Ari Global:** Muchas personas pueden pensar que tu éxito es de la noche a la mañana, sin embargo, viene de muchos años de sacrificio, de esfuerzo, de dedicación, de disciplina, que inclusive tengo entendido que cuando empezaste a grabar tus primeras canciones usabas el dinero que te daban para ir a clases para poder grabarlas. ¿Nos podrías contar un poco cómo fueron tus inicios, para darle esperanzas a todas esas personas que tienen sueños y quieren alcanzar sus éxitos? ¿Cómo has ido superando los obstáculos?

—**Mozart La Para:** Todos los principios son fuertes, difíciles, y más en el tiempo que yo comencé que los artistas ya no vivían de la música, yo lo hacía porque me gustaba. Cuando estaba en la escuela a mi me daban 50 pesos diarios, 15 y 15 para un motor (transporte) y 20 pa' la merienda y yo lo que hacía era que me iba a pie, regresaba a pie y no merendaba, ya tengo 50, en 10 días tenía 500, y con esos 500 yo compraba una pista y con 500 más podía grabar, pa' yo grabar una canción yo tenía que esperar 20 días para juntar el dinero.

Pero nada, son experiencias y le digo a los jóvenes que están incursionando en la música que nada los detenga, que siempre hay muchos *haters* que no quieren que tú subas, a veces no es porque tú no lo estás haciendo bien, tal vez es porque ven algo en ti y son envidiosos. Así que siempre sigue tu pasión sin importar la circunstancia.

♦ MAYNA NEVAREZ

Es una de las publicistas más fuertes de la industria del entretenimiento. Es la CEO de Nevarez Communications. Algunos de sus clientes han sido Daddy Yankee, Natti Natasha, Carlos Vives, Gloria Trevi y más. También han trabajado para marcas como Visa, Real Sangría, Ford, entre otras. Ella se ha convertido en una gran líder representando a varias mujeres como una gran emprendedora.

—**Ari Global**: Podemos decir que eres dueña de una de las compañías de comunicación más importantes de la industria "Nevarez Communications". Algunos de tus clientes son Daddy Yankee, Natti Natasha, Carlos Vives y has trabajado con marcas importantes. Por lo que tienes una gran cualidad de ayudar a artistas a crecer a través del marketing y la publicidad. Durante todos estos años de experiencia, ¿cuál dirías que es la clave para que un artista logre el éxito?

—**Mayna Nevarez**: Hoy en día, la industria de la música cuenta con una gran variedad de artistas pero, ¿qué hace diferente a un artista del otro? Definitivamente, la forma en la que el storytelling logra relacionar la idea del artista con los fans, la cultura y los valores que logran unir a su público. Es por eso que, se puede considerar que la clave para que un artista logre el éxito proviene de una combinación de curiosidad, pasión, dedicación y, sobre todo constancia.

DISCIPLINA, CONSTANCIA Y PERSEVERANCIA

La disciplina consiste en llevar, mediante estrategias constantes, nuestra visión a nuestra realidad. La disciplina es lo que nos va a ayudar de manera eficaz a ejecutar cualquier actividad, y para ello se necesita ser constante, perseverante y paciente. Para lograr cualquier meta y tener éxito, es fundamental tener disciplina. Todas las grandes cosas que realmente valen la pena en nuestra vida necesitan de mucho esfuerzo, sacrificio y dedicación.

¿Cuántas veces nos hemos dicho "lo dejo para mañana" o "mejor empiezo mañana"?

Lo que hagas hoy determinará el resultado de tu futuro, y hoy estás donde estás porque todas tus decisiones te han traído hasta este punto. Mientras sigas posponiendo las cosas, te mantendrás siempre alejado de tus objetivos. Es normal que en ocasiones sintamos que no podemos, que nos quedemos sin ganas de hacer las cosas. Debemos ser fuertes y controlar los pensamientos e impulsos que nos sabotean, no dejar que ellos nos controlen a nosotros. Si realmente queremos algo, no existirán excusas.

Muchas veces olvidamos nuestros objetivos, y tendemos a ser vagos, nos acostumbramos a la comodidad de no hacer nada, pasamos tanto tiempo en ese estado que no nos damos cuenta de que se nos pasó el tiempo y nunca hicimos nada. Es por eso que siempre debemos tener presente que nuestras acciones son las que moldean nuestro futuro, y si queremos que las cosas funcionen, debemos actuar ya con disciplina.

El éxito no ocurrirá de la noche a la mañana, ya que si fuera así de fácil, todo el mundo sería exitoso. Los grandes logros toman tiempo, existe una gran organización y determinación detrás de cada mujer u hombre exitoso, son personas que piensan en grande, que tienen disciplina y que actuaron para conseguir lo que tienen ahora. Haz que suceda, que cada día estés un paso más cerca de alcanzar tus sueños.

Debes tener objetivos claros, saber qué quieres lograr, por ejemplo: crear tu propia empresa, empezar a hacer ejercicio, tener una relación amorosa sana, lograr el trabajo que deseas, lograr un papel en una película, componer una canción, escribir un libro, entre otros. Una vez que tengas claro qué quieres hacer es importante que diseñes un plan de acción con objetivos a corto, mediano y largo plazo para poder cumplir esa meta, porque si no sabes hacia dónde vas es muy fácil que te pierdas en el camino. Es muy útil que tengas un calendario o agenda con fechas y objetivos diarios. Intenta ser específico y trata de ponerlo en un lugar bastante visible para que recuerdes bien lo que tienes que hacer. De esa manera te será más fácil mantener la disciplina y te ayudará a tener un orden y una mejor organización para alcanzar tus metas.

No hay nada más satisfactorio que cuando empezamos a ver resultados de todos los esfuerzos y sacrificios que hemos realizado. Y esto debe de ser tu motivación e inspiración para seguir avanzando y salir adelante.

Piensa: ¿qué sentirías si lo logras?, ¿por qué quieres lograr esa meta?

La perseverancia y la constancia nos ayudan a lograr nuestros objetivos. Para conseguir metas a largo plazo debemos sacrificar algunas a corto plazo. Si somos constantes y perseverantes día a día con nuestros sueños, veremos una gran recompensa.

Muchas veces en el camino nos van a decir que no lo vamos a lograr, nos sentiremos desmotivados, frustrados, sin ganas, desilusionados y es ahí cuando tenemos que levantarnos y ser fuertes porque si no lo haces tú lo hará alguien más. Así que demuéstrale al mundo quien eres y qué tan capaz puedes ser.

Siempre empezamos las cosas por una razón y a veces nos desmotivamos si no vemos el resultado rápido, por lo que, con paciencia, la disciplina, constancia y perseverancia tendremos a mano las herramientas para superar las dificultades y centrarnos en lo que realmente importa. Podremos seguir avanzando, continuar creciendo para llegar lejos, obtener resultados extraordinarios para que se abran las puertas y se sigan multiplicando nuestras oportunidades.

Muchos de los grandes líderes, celebridades empezaron con muy pocos recursos pero gracias a su constancia, enfoque, perseverancia y disciplina han conseguido alcanzar sus objetivos. Así que si quieres transformar tu vida al 100x100 es necesario que tengas disciplina.

. . . .

ENTREVISTAS A CELEBRIDADES EN "ARI GLOBAL SHOW" SOBRE LA IMPORTANCIA DE LA DISCIPLINA, CONSISTENCIA Y PERSEVERANCIA:

. . . .

◆ MARKO

Video que sube al internet video que se hace viral. Uno de los comediantes más trending del momento nos cuenta cómo ha llegado a tener éxito. Marko emigró a Estados Unidos y tuvo que empezar desde cero como muchos inmigrantes.

—**Ari Global:** Siento que eres la representación exacta de lo que significa amor y pasión por el trabajo, y gracias a tu disciplina y compromiso se han materializado muchos de tus sueños ¿De qué manera es tan importante para ti la disciplina y el amor por el trabajo, para lograr los sueños que uno tanto desea?

— **Marko:** Para mí la disciplina lo es todo, sin disciplina no existe éxito en nada, la disciplina es la base de todo lo que he logrado. Yo siempre le digo a la gente, emprende sobre cosas que te apasionen y que ames, porque si no, después no vas a tener las mismas ganas de hacerlo, porque para que tú hagas cosas aún cuando la vida se te pone difícil tienes que sentir pasión y amor por ellas, y la disciplina sencillamente es una base clave. No existe éxito sin disciplina. Nadie que sea indisciplinado llega al éxito o sabrá mantenerlo.

◆ Prince Royce

Uno de los artistas de bachata más reconocidos a nivel mundial. Él ha colaborado con artistas como Jennifer López, Daddy Yankee, Thalia, Shakira, Pitbull, Chris Brown, entre otros, y nos dice que la clave es la perseverancia.

—**Ari Global :** ¿Qué tiene que tener un artista para llegar al éxito?

—**Prince Royce:** Yo creo que perseverancia, mucho trabajo. Creo que obviamente hay que tener talento, pero más allá del talento creo que es la perseverancia, seguir trabajando, nunca darse por vencido. Creo que es como si estuviéramos en Las Vegas, ¿no? Si estamos tirando un "diez", entre más lo tiras más va a tocar el número que estás adivinando ¿no?, creo que así es la música y la vida, hay que seguir tratando.

◆ Benicio del Toro

Mejor conocido por ser el ganador de un Oscar por su interpretación del policía Javier Rodríguez en la película "Traffic", nos habla sobre la importancia de luchar siempre por nuestros sueños. Y de cómo hay que bajar las expectativas y subir la perseverancia. Nos aclara que con voluntad y disciplina todo se puede.

—**Ari Global:** Tú como latino has llegado muy lejos, inclusive has recibido un Oscar. ¿Qué le recomiendas a todas esas personas que están luchando por sus sueños?

—**Benicio Del Toro:** Que sigan luchando, porque los sueños a veces se convierten en realidad. Para eso se necesita voluntad, disciplina y es importante todo eso si tienes un sueño para conseguirlo, y también tener un poco de no esperar mucho. Las expectativas bajarlas y la perseverancia subirla.

◆ Piso 21

Es una de las bandas colombianas más conocidas. Uno de sus grandes éxitos es "Me Llamas" junto a Maluma que casi llega a los mil millones de views. La canción "Déjala que vuelva" junto a Manuel Turizo, cuenta con casi dos mil millones de views. También la canción "Pa olvidarme de ella" con Christian Nodal fue un gran éxito entre otros Hits. Nos hablan sobre la importancia del esfuerzo y persistir por todo aquello que queremos .

—**Ari Global:** Empezaron cantando en bares, colegios, en eventos, y de ahí han ido creciendo con grandes éxitos ¿Qué es más importante el esfuerzo, el trabajo o la disciplina? ¿Qué consejos les pueden dar a las personas que están luchando por sus sueños?

—**Piso 21:** ¡Todo! Ese es el punto de diferencias. Tú naces con el talento, pero voy a decir algo muy fuerte, hay personas muy talentosas que son coristas, es más, los coristas son más talentosos por lo general que los artistas, la diferencia entre ese corista y el que está parado al frente a unos metros más adelante es el sacrificio, el trabajo y la disciplina. El otro se confió en su talento y dijo "yo canto mucho y ya", el que está al frente dijo "yo canto, está bien, pero yo quiero esto…".

—**Ari Global:** Es decir que el que llega al éxito es el que más persiste, insiste.

—**Piso 21:** Las historias de todos los colegas, nuestras historias, hay muy poquitos casos de suerte "Ahí sacó una canción la pegó y ya". Hay muy pocos casos de suerte, la verdad es que todo, todo, por más nuevo que lo veas, por más pequeño, por más niño, conoces su historia y resulta que ese man lleva trabajando años, que se le habían cerrado puertas, que nadie creía en él, que trabajó por su propia convicción. Yo creo que todos tenemos una historia detrás, bonita en este medio, y cada vez me convenzo más de lo que acabas de decir: el trabajo, la disciplina, el respeto por lo que haces, es el factor más importante entre lograrlo o no lograrlo.

◆ SETH ROGEN Y O'SHEA JACKSON

Tuve la oportunidad de entrevistar a uno de los más grandes comediantes y actores de Hollywood, Seth Rogen junto a O'Shea Jackson por la película "Long Shot" junto a Charlize Theron. Ambos nos hablaron sobre una de las frases principales de la película, en la que nos muestra que si persistimos podemos lograr lo que sea.

—**Ari Global:** "Muy difícil, pero no imposible" es una de las principales frases de esta película ¿Qué significa esto para ustedes?

—**O'Shea Jackson Jr:** "Muy difícil, pero no imposible" es algo a lo que te tienes que aferrar, te hace no rendirte. Y es importante hacer lo que tengas que hacer para llegar a donde quieras llegar, vas a tener que pasar por obstáculos y vas a tener momentos difíciles para llegar a la meta, pero por eso es "Casi imposible" (*Long shot*).

—**Seth Rogen:** ¡Qué bueno te quedó eso! Te doy todos los créditos.

◆ CALI & EL DANDEE

Son unos hermanos cantantes, productores, compositores y conocidos pioneros en hacer la fusión del reggaeton y pop con melodías románticas. Han hecho colaboraciones con grandes artistas como Sebastián Yatra, David Bisbal, Luis Fonsi, Dana Paola, Guaynaa, Reik y Mike Bahía.

—**Ari Global:** ¿Un consejo que podrían compartir a todas esas personas que están soñando y quisieran llegar a dónde están ustedes?

—**Alejandro Rengifo:** Tienen que seguir intentando sin parar, muchas veces hacemos cosas y no funcionan de un momento a otro, pero la constancia y la repetición van simplificando y van volviendo mejor el producto final, creo que lo importante es no parar.

◆ DALEX

Ha roto muchos récords con la canción "Pa' Mi Remix". Esta canción llegó a posicionarse #1 en Spotify en lista de los Global50. El remix cuenta con la participación de Rafa Pabón, Sech, Cazzu, Feid, Khea y Lenny. La canción también ha logrado posicionarse en el puesto #1 en 10 países latinoamericanos como Panamá, Costa Rica, Colombia, El Salvador, Bolivia y Paraguay. Aparte nos habla sobre cómo pasó de trabajar cómo barbero a ser cantante y cómo fue que lo descubrieron en la barbería.

—**Ari Global:** ¿Qué consejo le das a todos los jóvenes que están luchando por sus sueños?

—**Dalex:** Pues mi consejo es que nunca se rindan, que el que persevera triunfa, y que luchen por sus sueños, que hagan lo que tengan que hacer siempre haciendo las cosas bien.

◆ KEVVO

Cuenta con colaboraciones de los artistas más importantes de la música como J Balvin, Becky G, Darell, De La Ghetto, Zion, Lennox y Jay Wheeler. Varias de sus canciones ya superan el medio millón en las plataformas digitales. El empezó con pocas oportunidades pero gracias a la disciplina y constancia ha podido conseguir muchos logros.

—**Ari Global:** Has conseguido muchísimos éxitos, por ejemplo tienes canciones que cuentan con más de 500 millón de views, has hecho colaboraciones con grandes artistas desde J Balvin, Becky G, Darrell, Rau Alejandro, pero en tus inicios empezaste como barbero tengo entendido. Cuéntanos un poco cómo saliste adelante, ¿cuál es la clave para el éxito?, ¿cuál es la clave para seguir luchando por tus sueños y conseguir todo lo que has conseguido?

—**Kevvo:** Si quieres lograr algo, lo primero que diría es que tienes que estar dispuesto a sacrificarte, tener disciplina, trabajo duro y lo demás ponlo en manos de Dios, que él se encarga, pero hay que trabajar todos los días, hay que tratar de ser mejor persona, disciplinarse. Por ejemplo, si quieres jugar baloncesto tienes que ir a la cancha a tirar todos los días, si te gusta la música tienes que dedicarte a la música, aprender a grabar, a escribir, tratar de involucrarte en todo y si eres joven más todavía y tienes todas las energías, que después no se te haga tarde y pienses "yo pudiese haber hecho tal cosa y no lo hice". Que aproveche todo aquel que tenga el potencial para lograr lo que se propone: si yo lo hice tú lo puedes hacer, no es ciencia, es ser constante. Los resultados van a llegar.

♦ JORGE LUIS CHACÍN

Podemos decir que es uno de los compositores latinos más reconocidos y también un gran cantante. Ha sido nominado 3 veces a los Grammy Latinos. Ha trabajado con artistas como Ricardo Montaner, Prince Royce, Ricardo Arjona, Thalia, Gilberto Santa Rosa y Nacho.

—**Ari Global:** Has conseguido grandes logros, que han sido a base de mucho esfuerzo, dedicación y sacrificios. Comenzaste sin muchas oportunidades y posibilidades de salir adelante. Cuéntanos un poco cómo fueron tus inicios cuando estabas luchando por sus sueños, y cómo te fuiste metiendo y creciendo en la industria de la música.

—**Jorge Luis Chacín:** Recientemente estaba hablando con un amigo sobre esto precisamente, cuando uno comienza tiene tantos sueños, eres un chamo. Yo les digo que todo es posible, cuando puedes creer y cuando perseveras. Y por supuesto cuando tienes una visión propia de quién eres tú y con ese poder superior que es capaz de llevarte adelante no importa lo que estés pasando. Siempre hay una visión clara en tu mente que evidentemente Dios te pone, y hay que cumplirla porque al final hay que cumplir lo que él nos pone, si es un talento que él nos dió es para regalarlo al mundo y hay que darle duro hasta poder alcanzarlo.

CREER EN
UNO MISMO

Creer en uno mismo significa saber: "SOY SUFICIENTE, YO LO VALGO"

Si tú no crees en ti mismo, nadie lo va a hacer. Por esa misma razón es esencial que tengas seguridad y confianza en tus virtudes, capacidades, intenciones, metas y sueños. Lo más importante para poder lograr lo que queremos es creer en uno mismo.

Pregúntate lo siguiente: "¿Cuántas oportunidades he dejado pasar debido a mis dudas, miedos, y complejos?". Nuestros pensamientos limitantes son los que nos impiden alcanzar todo aquello que queremos. Somos lo que creemos; somos energía y nuestra mente es muy poderosa, así que podemos cambiar nuestra vida completamente con nuestros pensamientos. Si creemos en nosotros mismos podremos lograr cosas casi imposibles.

Un pensamiento positivo impulsará una acción positiva, y eso va a originar una reacción en cadena de eventos positivos en tu vida. Si quieres que tu vida cambie, debes empezar por cambiarte a ti mismo. Si quieres que tu vida mejore, primero debes mejorar internamente. Todo empieza dentro de nosotros mismos. Hay que tener seguridad para salir de nuestra zona de confort y creer que todo es posible y así las oportunidades puedan llegar a ti.

Algunas afirmaciones bastante poderosas que puedes utilizar en tu vida diaria para darte más confianza y seguridad son: "soy suficiente", "soy valiente", "merezco lo mejor", "merezco abundancia". Cuando quieras lograr un objetivo, materializar un proyecto o establecer una buena relación amorosa, lo primero que debes hacer es creer que eres capaz de lograrlo.

Muchas personas que han llegado lejos y que han soñado en grande pasaron por incontables rechazos, pero se sentían tan seguros de sí mismos y de sus sueños que trabajaron sin descanso hasta lograr sus objetivos.

Este es un recordatorio de que tú, en tu propia piel, en tu estado natural, en simplemente ser quien eres, eres suficiente, y vales muchísimo. No tienes que alcanzar la perfección o encontrarte en una circunstancia perfecta para poder lograr tu objetivo. Recuerda que todos y cada uno de los errores que cometes, de los fracasos a los que te enfrentas, y de los obstáculos con los que te topas son una oportunidad única de crecer, así que no te detengas ni te castigues por los errores del pasado, por las veces que perdiste el rumbo, por la forma en que dudas o por la situación limitante que tengas.

En el camino siempre te encontrarás personas que te decepcionarán, que no van a creer en ti, o hasta te pondrán obstáculos. Habrá personas que te dirán que estás mal de la cabeza y que dejes de soñar, por lo que es muy importante que tengas la seguridad de quién eres, confíes plenamente en ti, no dejes que el miedo te frene, y reconoce que tienes la capacidad de lograr todo aquello que te propongas sin importar qué

¡Tú eres suficiente!. Cuando empiezas a creer realmente en ti, con pensamientos y acciones positivas, todo el universo empieza a conspirar a tu favor. Tú eres suficiente para las cosas hermosas de este mundo. Eres suficiente para alcanzar tus sueños, para disfrutar, para ese gran amor que te mereces. Eres suficiente para recibir las bendiciones de la vida, incluso en los momentos más duros, porque tú lo vales.

Muéstrale al mundo todo ese poder que tienes. Sigue adelante, creyendo fielmente en ti, tu vida y tu entorno empezará a cambiar. Todos los días son una oportunidad nueva para empezar desde el inicio. Así que cree en ti mismo, confía en ti, valórate, actúa y piensa siempre con una actitud de ganador.

Así que si quieres transformar tu vida primero tienes que creer en ti al 100x100.

ENTREVISTAS A CELEBRIDADES EN "ARI GLOBAL SHOW" SOBRE LA IMPORTANCIA DE CREER EN UNO MISMO:

♦ AMY SCHUMER

Es una de las comediantes más exitosas en Hollywood. También es una gran actriz y guionista. Nos muestra un gran ejemplo a través de la película "I feel Pretty- Me siento bonita". Sentirse bonita nunca viene de afuera, siempre viene de adentro. Ella dice que si tú te sientes bien y segura contigo misma te puedes comer el mundo. Esta entrevista que hice fue bastante especial porque me dijo que había sido su mejor entrevista durante ese día.

—**Ari Global:** ¿Por qué la confianza y la seguridad es la principal prenda que todos debemos usar?

—**Amy Schumer:** Creo que esa es la mejor forma de decirlo, porque las personas reaccionan a la energía que transmites. Si caminas por un cuarto y andas encorvado sin ninguna motivación puedes pasar desapercibido. Pero si en cambio, pones tus hombros hacia atrás y empiezas a caminar empoderada sintiéndote bien contigo misma, créeme que la gente lo va a notar.

—**Ari Global :** ¿Es cierto que si te sientes bonita en tu interior las demás personas te van a ver bonita?

—**Amy Schumer:** ¡Sí! ¡Es completamente cierto! Piensa en las personas que conoces que tienen más confianza. Muchas veces te preguntas "¿por qué confían tanto en sí mismas?" Te das cuenta que funciona, y además es sexy.

♦ ISABELA MERCED

Es una joven actriz que con apenas diez años ya participaba en Broadway en el musical Evita al lado de Ricky Martin. Ha sido la protagonista de "Dora la exploradora", también formó parte de la película "Sicario", y es una cantante reconocida quien ya ha hecho canciones con Dana Paola & Sebastian Yatra. He tenido la oportunidad de entrevistarla en 3 ocasiones y siempre tiene algo inspirador que decir. En esta ocasión nos habla sobre la importancia de creer en uno mismo.

—**Ari Global :** Hay algo muy bonito, y es que también ayudas en Unicef.

—**Isabela Merced :** Sí, trabajo mucho con Unicef, amo a los niños y siento que hay que trabajar más con los niños porque ellos son el futuro, y ellos van a cambiar las cosas para nuestros hijos. Es importante estar con ellos y siempre inspirarlos porque, mientras más les digas que lo que quieras hacer puede hacerse realidad hay más posibilidades de que eso suceda. Como niña recuerdo que había un montón de gente que me decía "no, eso no es posible, eso es ridículo, no debes de pensar así", un montón de cosas negativas que me afectaban mucho hasta hoy en día. Gracias a personas como mi mami o personas que quieren ayudar a los niños, mis profesores, me han ayudado mucho en la vida día a día.

—**Ari Global :** Es decir que los estás ayudando a creer en ellos mismos, que sí se puede.

—**Isabela Merced:** Si, eso me hubiese gustado cuando yo era niña.

—**Ari Global:** Bueno, con todas las cosas que has logrado te han convertido en eso, le has demostrado al mundo que sí se puede.

—**Isabela Merced:** Ojalá que sí, ojalá esté inspirando a un montón de chicos y chicas alrededor del mundo. Voy a continuar mi trabajo con Unicef, viajar por el mundo, porque me gusta estar ahí, en persona, hablando con la gente, hablando con todos, es una buena sensación interna.

♦ EL MICHA

Es uno de los artistas cubanos más escuchados. Es uno de los embajadores del Cubaton y es mejor conocido por sus numerosas colaboraciones. El Micha ha compartido escenario y colaborado con grandes estrellas como Daddy Yankee, Pitbull, Maluma, Wisin, Gente De Zona, Cosculluela y Thalía .

—**Ari Global:** Para las personas más jóvenes, soñadoras, que se sienten limitadas, que no tienen conexiones, que no ven muchas posibilidades ¿qué le recomiendas para que salgan adelante.

—**El Micha:** Que crean en ellos. Que sean fanáticos de ellos, que nunca se subestimen y que pongan sus sueños a volar, que sigan el camino detrás del sueño, hasta que se les dé, y si no se les da, por lo menos lo intenten. Dicen los que saben que "No hay peor gestión que la que no se hace", si no lo intentan nunca lo sabrán.

♦ CAROLINA ROSS

Es una joven cantante mexicana que lleva cantando desde su infancia, comenzó a ganar gran fama tras haber ganado el tercer lugar en la tercera edición del reality show 'La Voz México'. Nos habla del bullying que sufrió y cómo recuperar la confianza en sí misma.

—**Ari Global :** ¿Cómo superaste el bullying? ¿Qué les recomiendas a las personas que lo sufren?

—**Carolina Ross:** Cuando estaba chiquita identifiqué que mi sueño era cantar, tenía ese gran sueño, pero también tenía muchos problemitas, sufría de bullying. También mi abuelita, que es como mi segunda mamá, perdió sus piernas, pero gracias a Dios tengo una mami que es muy intuitiva y se dio cuenta que tenía estos problemas y me llevó a terapia para curarme por dentro y por fuera. Y así comencé a tener más confianza en mí misma. En unos meses perdí 20 kilos, también perdí mis miedos, mi inseguridad, mi baja autoestima y empecé a tener más confianza en mí misma.

♦ CUSTO BARCELONA

Es uno de los diseñadores españoles más reconocidos internacionalmente. Lleva más de 4 décadas cosechando éxitos. Sus diseños han formado parte de las series más exitosas de la TV como "Friends", "Sex and the city", y a la vez celebridades de Hollywood han usado sus estampados, tales como Brad Pitt, Jennifer Aniston, Julia Roberts, Angelina Jolie, Penélope Cruz, Beyonce, Jlo y Quentin Tarantino entre otros. Fundó su marca a finales de los años 90 y desde entonces la firma fue creciendo más y más, siendo reconocida por su originalidad en el diseño y por supuesto por sus camisetas estampadas con grafismos de todas clases. Recientemente presentó su nueva colección primavera-verano 2022 "I trust me" (Confío en mí). Custo nos habla sobre la importancia de confiar y creer en uno mismo y que una manera de sentirse seguro de uno mismo es expresarlo a través de la moda.

—**Ari Global:** Acabas de lanzar tu última colección "I trust me", (Confío en mí), podemos decir que es una propuesta dirigida a mujeres que confían en sí mismas y proyectan convencimiento y seguridad. ¿De qué manera la ropa, la moda y esta colección nos puede ayudar a sentirnos más seguros de nosotros mismos?

—**Custo Barcelona:** Nosotros la hemos titulado irónicamente "I trust me" porque va dirigida a estas mujeres que quieren expresar su seguridad, su individualidad, a través de la manera de vestir. Vestir de una manera emocional y con un poquito de riesgos. Tener confianza y creer en uno mismo es clave en la vida. Esta misma confianza que tenemos en nosotros mismos la podemos reflejar en la forma en la que nos vestimos.

En esta colección, que han sido 52 propuestas para ellas, hemos apostado por un lenguaje avanzado para las mujeres que se sienten seguras y que de alguna manera las motive para expresar su personalidad.

♦ JESSICA RODRÍGUEZ

La historia de Jessica es bastante inspiradora. Emigró a Estados Unidos y empezó como pasante en el canal de televisión y poco a poco ha ido escalando a pasos gigantes en su carrera: ha ganado dos premios Emmy y actualmente es una de las presentadoras de Despierta América.

—**Ari Global:** Para llegar al nivel donde estás me imagino que el camino no ha sido fácil y que has pasado por muchísimos retos. Empezaste como pasante en Despierta América y has obtenido muchos logros, ¿cuáles han sido tus mayores retos y cómo los has ido superando?

—**Jessica Rodriguez:** Uno de los retos más grandes en mi carrera ha sido lograr un balance. Para los que no conocen mi historia comencé en Despierta América cuando era pasante, así que al principio fue mucho de balance entre mi familia y mi vida personal. Estaba estudiando a tiempo completo 40 horas a la semana y después 40 horas trabajando en Univisión. No es fácil pero no es imposible y si alguien se siente desanimado o siente que no se puede, en realidad hay que tener paciencia, organizarse bien y lo más importante contar con las personas que te rodean, esas personas que te apoyan día tras día, para mí fueron mis papás.

Fue un reto sumamente grande lograr que las personas en Despierta América, los expertos, los jefes, mis colegas, me tomaran en serio, primero porque yo era una niña, una chama de 20 años llegando a dar órdenes, pero uno tiene que creérselo, sentirse seguro de su talento y de que vienes a ofrecer nuevas ideas, un punto de vista fresco y la gente lo tiene que aceptar, todos tenemos que recibir las opiniones de todos de una manera positiva y fue un reto ganarme ese respeto, pero al final mi tip para todos es, no se rindan porque todo lo que quieres lo puedes alcanzar.

♦ CARIN LEÓN

Ha logrado consolidarse como uno de los cantantes de música regional mexicana más escuchados a nivel internacional. A los dos años de debutar como solista superó los mil millones de visitas en sus videos y canciones. Y fue nombrado por la prestigiosa revista Billboard como " Latin Artist on the Rise".

—Ari Global: Has tenido muchos logros, muchísimos éxitos, pero me imagino que desde que comenzaste también está la parte que los fans no ven de que hay muchos obstáculos puertas cerradas, retos. ¿Cuáles han sido esos retos que has superado? ¿Cómo los enfrentaste o qué recomiendas a esas personas que quieren lograr un sueño y decirles que sí se puede?

—Carin León: El camino es muy difícil y cada quien lo hace tan difícil como lo quiera hacer, yo pienso que mientras tú sientas que por ahí es, mientras quieras hacer tus sonidos, mientras no trates de imitar cualquier tendencia, eso te garantiza un éxito, dependiendo de lo que tú llames éxito, pero creo que cuando uno hace lo que le gusta y disfruta, ya uno puede considerarse exitoso.

♦ PALOMA MAMI

Es una cantante joven chileno-estadounidense y podemos decir que es una de las artistas que está actualmente en franco ascenso. Sus dos primeras canciones se convirtieron en las más escuchadas en la historia de Spotify Chile. Ha llegado inclusive a participar en *"The Ellen The DeGeneres Show"*. Ha estado nominada a importantes premios como son los "Grammy Latino", "Premios lo nuestro", "Heat Latin Music Awards", entre otros. Suele defender mucho el empoderamiento femenino y luchar por uno mismo .

—**Ari Global:** Las letras de las canciones se enfocan mucho en la mujer independiente ¿Qué quieres transmitir con tus canciones?

—**Paloma Mami:** Siempre transmitir que no es necesario tener un hombre en tu vida y poder estar feliz contigo misma, ser independiente y ser feliz, yo creo que eso es lo importante. El creer y ser uno mismo es clave .

LA MAGIA DE LA GRATITUD

La magia de agradecer: una persona agradecida es una persona feliz. Agradece lo que tienes hasta el más mínimo detalle y terminarás siempre teniendo más. Debemos estar agradecidos por las cosas que tenemos y no dar por sentado las cosas que más merecen nuestra gratitud. Seamos agradecidos tanto por lo grande como por lo pequeño, lo que llena nuestra vida y la hace especial. La gratitud lo cambia todo. No es la felicidad la que nos trae gratitud, la gratitud es la que nos trae felicidad.

Ser agradecido es esencial para apreciar y disfrutar plenamente la vida. Agradecer lo que somos, lo que hemos conseguido, lo que tenemos, las personas que nos rodean, el respirar, el que haya salido el sol, la lluvia, el café por las mañanas, la comida que comemos, un abrazo, la familia, el trabajo que tenemos y tantas cosas más. Cuando somos agradecidos vivimos en armonía con nuestro entorno y con un alto grado de bienestar.

Muchas veces damos por sentado las cosas que tenemos y no valoramos lo que verdaderamente vale la pena hasta que es muy tarde, y nos damos cuenta de que las cosas que teníamos eran grandes. Recuerda que son las cosas pequeñas las que al final pueden ser más importantes. Concéntrate en todas las cosas maravillosas que tienes y te aseguro que tendrás mucho más de lo que te imaginas.

Cuando somos agradecidos estamos abiertos a recibir lo que nos depara el destino. Entre más agradecidos seamos más aumentará la recompensa. Empieza el día agradeciendo y siempre da GRACIAS a todas las personas que te rodean incluyéndote a ti mismo por el simple hecho de ser, por todo lo que haces. Cuando se practica el agradecimiento existe el sentido de que respetamos y valoramos a los demás y todo lo que nos rodea en nuestro planeta.

A la vez que estamos en constante agradecimiento podemos ir cultivando una mejor actitud, y así atraer personas y amigos de actitud positiva. ¿Y qué mejor que estar con personas de mente agradecida y positiva? Las personas agradecidas son personas felices ya que aprenden a buscar motivos de agradecimiento en cualquier situación que se les presente. Esto es porque cuando agradecemos lo que tenemos, nuestra visión de la vida es más positiva y atrae a las personas y situaciones que están en la misma sintonía que nosotros.

El agradecimiento predispone positivamente nuestro estado de ánimo, nos motiva, nos abre paso a la paz y a la felicidad. Empieza agradeciendo por todo y verás cambios increíbles en tu vida. La gratitud es una de las mejores medicinas para hacerte sentir bien contigo mismo, con todo lo que te rodea y con todo lo que estás por recibir.

Cuando sentimos y expresamos gratitud desde un corazón sincero, las personas que nos rodean se sentirán mucho más a gusto y en confianza. La gratitud nos enseña a ser capaces de valorar absolutamente todo a nuestro alrededor y a recibir cada detalle como una gran bendición y como si todo fuera un milagro. Así que si quieres transformar tu vida debes ser agradecido al 100x100.

. . . .

ENTREVISTAS A CELEBRIDADES EN "ARI GLOBAL SHOW" SOBRE LA MAGIA DE LA GRATITUD:

. . . .

◆ ISMAEL CALA

Ismael es un gran ejemplo de alguien que llegó a transformar su vida. En la actualidad es un gran estratega de vida y desarrollo humano, autor de varios Best- Sellers y conferencista Internacional que ha cambiado la vida personal y profesional de cientos de miles de personas. Ha impactado positivamente a más de 400 compañías en más de 25 países. Además ha tenido una formación personalizada por grandes motivadores como Tony Robins, Deepak Chopra, Robin Sharma y John C. Maxwell. Nos revela que una de las claves para la abundancia y para todo es el poder del agradecimiento.

—**Ari Global :** ¿Qué tan importante es el agradecimiento?

—**Ismael Cala:** No hay felicidad verdadera sin gratitud. En psicología positiva hablamos de "gratitud deliberada", quiere decir que tú tienes la disciplina de agradecer y no lo haces cuando te acuerdas o cuando algo bonito sucede, o cuando pierdes algo que entonces te ves obligado a agradecer por lo que te quedó. "Gratitud deliberada" es que yo asumo que todos los días para mí son una bendición, aún con las circunstancias que yo tenga, aunque no sean del todo agradables, no importa.

Yo estoy vivo, mi cuerpo vive, mi mente está alerta, estamos bendecidos, por eso se llama "gratitud deliberada", porque todos los días cuando abro mis ojos y cuando abres tus ojos puedes, lo primero es no agradecer desde la mente, aquí tenemos que cerrar los ojos, inhalar, exhalar con ese suspiro de alivio dejando ir todo lo que sobra en mi cuerpo, pongo mi mano derecha sobre el corazón, me conecto con el centro de mi corazón para salir un poco de la mente que tanto me atormenta.

Desde aquí siento que puedo agradecer incluso a mi cuerpo, comenzar por mi cuerpo, entonces haces ese proceso de buscar cinco razones, las tres primeras que estén dentro de ti, y las dos últimas que sean por algo que tienes existe fuera de ti, sea familia, sea esposo, esposa, la casa que tienes, el trabajo que tienes, el auto que tienes, las vacaciones que disfrutas, el dinero, etc, eso es la segunda parte, pero las tres primeras, son por ejemplo agradezco por mis pulmones, mis pulmones me ayudan a respirar y puedo además quitarle el piloto automático y saborear una respiración de tranquilidad y paz, y así vas encontrando todos los días razones diferentes dentro de ti para conectarte con el amor, porque la gratitud es la herramienta que nos conecta con el amor, y luego inhalar, sentir, soltar y sonreír. Sonreír desde el corazón, esa sonrisa la llevas a tus labios y te permites sentir con todas tus células esa sensación de agradecimiento infinito por esas pequeñas cosas que a veces ignoramos y que son las que verdaderamente nos dan sentido a la vida.

♦ LEONEL GARCÍA (SIN BANDERA)

Tuve la oportunidad de entrevistar a este músico cantautor y compositor mexicano, integrante del dúo "Sin Bandera", agrupación que ha dejado un gran impacto y un legado importante en la industria musical, demostrándole al mundo que el amor y la música no tiene banderas. A lo largo de los años él y su compañero de banda, el argentino Noel Schajris han hecho canciones con las que millones de personas se han identificado con distintos sentimientos. Canciones tales como "Kilómetros", "Entra en mi vida" y "Sirena". Leonel nos habla de esos recuerdos de cuando eran unos jóvenes soñadores y la importancia de ser agradecido y sentirse bendecido por todo lo que a uno le sucede en la vida.

—**Ari Global:** Recientemente mencionaste que en una canción el factor más importante es la emoción y sin duda alguna durante muchos años millones de personas se han conectado con tus canciones, ¿cómo te sientes al ver que tanta gente siente tanta emoción por tus canciones?

—**Leonel García:** La palabra sería una "Bendición". Tanto Noel como yo, porque él ha compartido estas cosas con Sin Bandera, algo que dos chicos de 27 años que empezaron este proyecto hace 20 no se hubieran imaginado jamás. Teníamos mucha pasión, muchas ganas, algo por dentro muy poderoso que nos decía que la música era nuestro camino, pero no teníamos una visión clara de hasta dónde o cómo íbamos a conseguir las cosas. Después de 20 años viendo lo que hemos podido hacer nos sentimos muy afortunados, muy bendecidos y muy agradecidos con el cariño enorme que ha tenido la gente por nuestra música.

De eso se trata el trabajo que hemos podido poner allá afuera, y de cómo la gente ha conectado con ese trabajo y hemos ido descubriendo con los años que la emoción es el asunto. Que el asunto del arte se trata de conectar con las cosas más profundas y dárselas a la gente para que la gente también se descubra a sí misma a través de la música, y puedan, a través de alguna letra o alguna canción, sentir algo que no habían sentido antes. Eso para mi es vital y creo que a través de Sin Bandera hemos logrado que muchas veces la gente se acerque a esas emociones, y que nuestra carrera se trate de eso, que la gente cuando nos busque a nosotros busque esas emociones y no otras cosas que a lo mejor puedan encontrar en otro tipo de música.

♦ EVANGELINE LILLY

Es una actriz canadiense que alcanzó la popularidad por su papel de Kate Austen en la serie de televisión *Lost* (2004-2010), por la que obtuvo un Premio del Sindicato de Actores y recibió una nominación al Globo de Oro. Interpreta a Hope van Dyne en el universo cinematográfico de Marvel en las películas *Ant-Man* (2015), *Ant-Man and the Wasp* (2018) y *Avengers: Endgame* (2019). Su historia es muy inspiradora, solo lee la siguiente pregunta y escucha su consejo.

—**Ari Global:** Antes de convertirte en una gran estrella pasaste por muchos retos, casi no obtuviste la visa de trabajo para entrar en EEUU, también tuviste varios trabajos que podrían considerarse como "sacrificados", por esto creo que eres una superheroína no únicamente en esta película sino también en la vida real ¿Cómo podemos superar tantos obstáculos?.

—**Evangeline Lilly:** Cada panorama es diferente donde estamos y lo que experimentamos, si intentamos lo máximo para experimentarlo con gratitud creo que es una forma en la que podemos construir amor, esperanza y alegría, y hacer el mundo un lugar mejor.

◆ MAFFIO

Maffio ha trabajado como compositor, productor y ha colaborado con grandes artistas como Pitbull, Becky G, Belinda, Akon y Farruko. Su más reciente éxito fue Cristina que cuenta con más de 130 millones de views. Sus inicios musicales empezaron a muy temprana edad, a los 6 años comenzó a tocar piano, a los 9 compuso su primera canción y a los 20 logró su primer éxito mundial. En la entrevista nos contó lo especial que es para él mostrarle al mundo el barrió donde vivió su juventud y su necesidad de celebrar la vida como una manera de expresar agradecimiento.

—**Ari Global:** Una canción que me gusta mucho es "Celebration", porque es como una manera bonita de celebrar la vida, pero también hablas de "cuando yo me muera quiero que me recuerden de esta manera". ¿Qué significa esta canción para ti?

—**Maffio**: Esa canción es súper emotiva porque el video se lo dediqué a mi hermana que murió, que Dios la tenga en su gloria, pero de eso se trata "Celebration", de celebrar la vida, celebrar la vida ahora mismo que estamos aquí, celebrar la familia, tus amistades, este momento, el sol, el cielo, celebra eso, no celebres lo malo, lo negativo, no le des eco a lo negativo, dale eco a lo positivo.

◆ JUAN PALAU

Uno de sus más grandes logros como actor es que participó en *"La Reina del Flow 2"* de Netflix. Debutó número 1 en países como España, Chile, Honduras, Panamá, República Dominicana, Ecuador, Argentina, Venezuela, Perú, Costa Rica, y El Salvador, convirtiéndose en una de las producciones más vistas a nivel global en Netflix. Su carrera artística empezó en la agrupación "Revólver" y desde ahí ha ido creciendo internacionalmente como cantante, compositor y actor. Firmó contrato con la disquera Universal Music.

Ari Global: Hay una canción del 2020 con un mensaje espectacular que se llama "Manifiesto", que nos hace una invitación a insistir y persistir por los objetivos trazados, y darle valor a las personas a nuestro alrededor. Cuéntanos un poco sobre este tema tan bonito y este mensaje tan importante.

Juan Palau: Esa canción la hice en medio de la cuarentena cuando todo estaba oscuro, cuando esto nos cogió tan de la nada, muchos colegas dejaron sus carreras, muchas personas estaban pasando momentos muy difíciles y yo en medio de todo estoy muy bien, tengo de todo, no me falta nada, y hay que agradecer esto, darnos cuenta y agradecer a las personas que han estado cerca, en mi caso mis padres siempre han sido parte fundamental de mi proyecto. Darnos cuenta, valorar cada segundo, darle gracias a la vida, a los que están y a los que no están, hacer cosas en su nombre, y también hablando un poco de las noches eternas que das vueltas en la cama y dices "ya no sé ni donde tengo la cabeza" y me desvelo, y eso hace parte del proceso, tener noches de desvelo y de estar perdido. Y luego tener esos momentos de gratitud y decir "la estoy rompiendo", hay que reconocer ambas caras de la moneda.

LOS MIEDOS SON NUESTRO MAYOR OBSTÁCULO

Los miedos son nuestro peor enemigo y nuestro mayor obstáculo. Se pueden convertir en una gran barrera a la hora de alcanzar nuestros sueños ya que son grandes traicioneros que buscan impedirnos conseguir lo que verdaderamente deseamos.

El miedo es un gran limitante porque nos hace pensar que no somos capaces, nos hace sentir del tamaño de una hormiguita y con muy poco o ningún valor. El miedo está ahí susurrando a nuestro oído que simplemente no lograremos alcanzar nuestras metas, es como la voz negativa de algún amigo/familiar tóxico que te dice que no es posible y que no lo vas a poder lograr. Por lo que es sumamente importante no dejarse engañar o llevar por esos miedos. Todo está en nuestra mente y si tenemos miedo pensaremos que no podemos lograrlo como bien dijo Henry Ford *"si crees que puedes, tienes razón. Si crees que no puedes, también tienes razón"*

Es la cosa más normal tener miedos, todo el mundo los tiene, pero no debemos permitir que sean estos miedos los que tengan control sobre nuestras decisiones y mucho menos sobre nuestro destino. Es decir que, aunque tengamos miedo, debemos atrevernos, lanzarnos y hacer las cosas de igual manera. Todos hemos sentido miedo desde el momento en el que nacemos hasta el momento en el cual morimos. Es normal, y en vez de evitarlos, hay que enfrentarlos dándolo todo al 100x100.

Hay varios tipos de miedos que podemos experimentar: miedo al fracaso, miedo a la crítica, miedo a lo que piensen los demás, miedo a sentir que no eres suficiente, miedos a salir de tu zona de confort, miedo de ser perdedor, miedo porque puedes pensar que por tu edad ya el momento pasó, o que no tienes el físico necesario. Aunque el miedo más absurdo de todos y el que menos nos damos cuenta que tenemos es el miedo al éxito.

Los miedos ayudan a respaldar las excusas que creamos en nuestras mente para justificar el porqué no nos atrevemos a hacer las cosas. Sin duda, uno de los principales motivos de fracaso en las personas es este tipo de miedo. En otras palabras, la gente no triunfa mayormente por miedo a triunfar.

Los bloqueos mentales creados por los miedos no nos permiten avanzar. Por lo que es esencial liberarnos de todos esos pensamientos negativos que se interponen entre nosotros y aquello que deseamos con tanta fuerza. Pero, una vez que nos atrevemos y confrontemos esos miedos nos empezamos a dar cuenta de que podemos más. Una vez que enfrentamos estos obstáculos nos damos cuenta que somos capaces de hacer mucho más de lo que creíamos.

Las personas que han llegado lejos, por mucho que hayan tenido la sensación de tener miedo siempre tomaron la decisión de arriesgarse a lo desconocido. Los miedos retrasan nuestro crecimiento y nuestra evolución personal y social. Es un sentimiento de baja vibración, una frecuencia relacionada con pensamientos negativos, capaz de destruir los mejores sueños.

Hay personas a las cuales inconscientemente les gusta sentir miedo. ¿Por qué? Porque el miedo les da una excusa perfecta para no hacer lo que tienen que hacer para alcanzar el éxito. ¿Cuántas veces no dejamos que nuestros pensamientos se salgan de control y nos lleven a imaginar los peores escenarios?

Todos estamos familiarizados con los pensamientos intrusivos, aquellos que llegan sin permiso: no puedo, no soy capaz, no tengo lo que se necesita. Conseguir dominar nuestros pensamientos no es algo fácil, pero está en ti si dejas que influyan o no.

El miedo hace su aparición cuando reconocemos que hay algún riesgo, cuando debemos hacer algo que nos va a obligar a salir de nuestra zona de confort. Estas situaciones por lo general activan nuestro sentido de supervivencia. Es por eso que tenemos que aceptar que somos imperfectos y que si fallamos no pasa nada. No intentarlo no es una opción. Esa incomodidad que sentimos es solo nuestra mente huyendo de la idea de salirse de su tan adorada zona de confort.

¿Quieres alcanzar tus sueños?, ¿sentirte realizado?, ¿ser la mejor versión de ti mismo?. Entonces tienes que apostar por ti y dar el 100x100 aunque tengas miedo. La única manera para realizar tus metas y esos hermosos sueños es hacerle frente al miedo que tienes de cumplirlos. Cuando sabemos lo que queremos y trabajamos con convicción dentro de nosotros se prende una llama. Una idea se empieza a repetir, una voz nos dice: "sí es posible lograr mis metas, sí es posible cumplir mis objetivos". Poco a poco empezarás a creer que es posible lograr mucho más de lo que te imaginabas.

Y hablando de enfrentarte a tus miedos, algo muy importante también es perder el miedo al rechazo. Todos tenemos miedo a que nos digan que no y a veces eso inevitablemente sucederá. Eso es completamente normal y debemos aceptarlo y seguir adelante. Esto es parte del proceso y del camino al éxito. Así que no dejes que tus miedos sean tu limitante.

¿Quieres encontrar excusas?, créeme que fácilmente lo harás ya que la mente es una fábrica de ellas. Pero si quieres encontrar oportunidades para poder avanzar también las encontrarás. Así que no escuches esa voz limitante y negativa que no te deja avanzar.

Cambia tus creencias y cambiarás toda tu vida. Todos estamos aquí para brillar, triunfar, y ser nuestra mejor versión. Son los miedos los que nos limitan a ser tu mejor tú. Así que empieza hablarte a ti mismo diciendo: "Sí puedo, Yo puedo , Yo soy capaz"

Pregúntate : Si no lo logro yo... ¿Entonces quién?

Cuando te enfrentas a tus miedos te conquistas a ti mismo. Es importante que dejes de huir, debes dejar de negar que sientes miedo, ya que si huyes, cada día ese sentimiento va incrementando con más intensidad. Asume tu miedo, admite que lo sientes y de esa manera enfréntalo, ve esto como una oportunidad de crecer. Una vez que esos miedos sean superados, incluso tendrás mejor autoestima, ya que te sentirás capaz de lograr muchas cosas.

El miedo siempre te acompañará, y seguirá creciendo mientras no lo afrontes. Vencer el miedo a veces asusta, pero una vez que lo enfrentas te sentirás libre y feliz. El miedo es contrario al amor. Elige amar y confiar. Para alcanzar la verdadera libertad hay que ir más allá de ti, y no dejar que los miedos te impidan alcanzar tus sueños y tus metas.

Así que si quieres transformar tu vida al 100x100 tienes que dejar los miedos atrás. Adiós a los miedos.

. . . .

ENTREVISTAS A LAS CELEBRIDADES EN "ARI GLOBAL SHOW" SOBRE NO PERMITIR QUE EL MIEDO SABOTEE TUS METAS:

. . . .

♦ KATE DEL CASTILLO

Es una de las actrices mexicanas más conocidas. También muchos la llegaron a conocer por reunirse clandestinamente con el narcotraficante más buscado del planeta "El Chapo Guzmán". Me tocó entrevistarla por su papel protagónico en la telenovela La Reina del Sur y nos habló sobre el miedo.

—**Ari Global**: En esta temporada de La Reina del Sur tu personaje siente miedo de perder a su hija ¿Qué son para ti los miedos? ¿Y cómo uno puede superar esos miedos?

—**Kate del Castillo:** En mi obra de teatro hablo mucho de los miedos, porque si alguien sabe de miedos soy yo (risas). La verdad es que todos tenemos miedo, la cosa es cómo los vamos a canalizar porque si nos paraliza pues ya nos fregamos, pero el miedo también es bueno porque te mantiene alerta y eso es lo que mantiene viva a mi personaje en la serie (Teresa Mendoza).

Fuera de la serie los miedos normales, ahorita por ejemplo esto que estamos pasando (Covid), todo el mundo entero está bajo estrés. Aunque nos sintamos bien en el día, pero detrás de nuestra cabecita hay estrés porque es miedo a lo desconocido. No es culpa de nadie, las tormentas, los huracanes, los temblores, todo eso que pasa, las tragedias a veces le ocurren a personas en una ciudad determinada. La gran lección de la pandemia es la de entender que estamos todos conectados, que nadie está por encima de nadie. Ricos, pobres, poderosos, famosos y no famosos. Entonces a lo mejor es una llamada de atención, de reflexión, de meterte y buscar en nosotros mismos quiénes somos y qué estamos haciendo como seres humanos. Este aislamiento es lo que nos está haciendo reflexionar ya que estamos reconociéndonos también como personas.

♦ BERET

Es un cantante español que ha tenido grandes colaboraciones como con Pablo Alborán, Melendi, Sebastian Yatra, Sofía Reyes. Beret nos dice que no luchar por lo que uno quiere se llama perder. Beret ha logrado grandes éxitos y cuenta con ciento de millones de views con sus canciones. Nos dice que el miedo nos aleja y nos traiciona de todo eso bonito que queremos.

—**Ari Global:** Esta canción me gusta bastante porque habla de los miedos, dice: "no somos dos, somos tres por el miedo" ¿De qué manera los miedos traicionan a tener una buena relación?

—**Beret:** Date cuenta que básicamente es eso, porque por el miedo a veces no somos nosotros. Nos imaginamos lo malo que pueda pasar, convertimos la incertidumbre en nuestra peor enemiga, y a veces o más de lo normal, pasa que ese miedo se carga de reacciones enteras. Yo puedo querer a una persona y quizás me da tantísimo miedo el perderla y que, precisamente el miedo haga que la pierda.

♦ CHRISTIAN CHÁVEZ

Conocido internacionalmente por su participación en series como "Rebelde", "Clase 406", "La casa de las flores", "La suerte de Loli". Nos habló que la pandemia le enseñó a dejar los miedos atrás.

—**Ari Global:** Esta serie muestra que hay eventos, circunstancias, o cosas que suceden en nuestras vidas que nos cambia nuestra forma de ser y de ver las cosas de manera distinta, como por ejemplo a la protagonista se le muere la mejor amiga y le cambia la vida ¿Has tenido algún evento, alguna circunstancia o algo que te haya marcado y que te haya hecho cambiar tu forma de ser, de ver las cosas distintas?.

—**Christian Chávez** Para mí fue este 2020. Este 2020 me hizo darme cuenta que tengo que ir por todo, que no me puedo quedar a la mitad por miedo o por ansiedad. A partir de este 2020 estoy viviendo día a día y dejando que la vida me sorprenda, y dejando los miedos atrás, porque siempre van a estar ahí y siempre van a haber nuevos retos y nuevos miedos.

♦ KUNO BECKER

Es uno de los jóvenes mexicanos con mayor proyección internacional. El hizo la voz de "el rayo" de la famosa película "El Rayo McQueen". Kuno nos da un gran consejo sobre el fracaso.

—**Ari Global:** ¿Cuál es el gran reto para ``El Rayo''?

—**Kuno Becker:** El gran reto para ``El Rayo'' es adaptarse al cambio. El miedo al fracaso es lo que nos impide el éxito, pero de todas formas el éxito es muy mal consejero. Entonces el éxito no es el éxito que todo el mundo cree. Desde mi punto de vista yo no creo en ese éxito, yo creo en el éxito que es seguir solamente estando, estando y estando.

♦ EMILIA MERNES

Es una cantante argentina que saltó a la fama por formar parte de la agrupación Rombai. Hoy en día canta como solista y ha hecho colaboraciones con Darrel, MYA, Duki, Alex Rose y está bajo la reconocida disquera de WK. Una disquera que lleva artistas como Maluma y Carlos Vives. Ella nos habló que al principio los cambios dan miedo. Salirse de tu zona de confort como ella dio el paso de estar en el grupo de Rombai a estar como solista pero luego aprendes y te das cuenta que lo puedes hacer.

—**Ari Global:** Antes de cantar como solista fuiste parte del grupo Rombai ¿Experimentaste algún tipo de miedo al atreverte a cantar como solista?

—**Emilia Mernes:** Sí claro, fue todo un desafío, al principio no estaba muy segura, la verdad, era algo nuevo para mí, un camino nuevo, pero con el tiempo y trabajando y agarrando más seguridad. Yo estaba acostumbrada a trabajar con Fer (Vásquez), que era líder de la banda yo me decía "bueno estoy cómoda acá". Nos cuesta salir de la zona de confort, a todos nos cuesta y a mí me costó. Estoy tan contenta que ha sido lo mejor, y Rombai ha sido un trampolín para mí.

ACTUAR PARA LOGRAR RESULTADOS

En la vida no hay que solamente intentar, hay que actuar, cuando haces las cosas sin motivación, llena de excusas, realmente no estás entrando en acción para lograr tu propósito. Cuántas veces has escuchado "yo lo intenté pero no se dió" o "yo lo estoy intentando" es una frase detrás de la cual se esconden las pocas ganas de hacer las cosas.

Muchas veces también nos quedamos pensando horas y días y meses en lo mismo, y gastamos muchísima energía en el pensamiento, pero realmente no estamos actuando, ¿para qué pensar tanto en algo?, debemos recordar que solo el tiempo nos separa de nuestra meta, y que nuestra procrastinación es el ladrón que nos roba dicho tiempo.

Por mucho que uno tenga la intención de hacer las cosas, sin la acción se queda solo en la intención, las personas cuando dicen "lo voy a intentar" es un anticipo que genera inseguridad y trae una sensación de que no se va cumplir. Tienes que cambiarlo por "lo voy hacer".

No hay que intentar o solamente pensar las cosas, hay que hacerlas, demuestra todo lo que quieres hacer con acciones.

Haz que las cosas sucedan y no te quedes esperando. No dudes, no desconfíes, no te quedes pensándolo mil veces, solamente embárcate en la acción y haz todo lo posible por lograrlo.

De qué sirve querer si no lo ponemos en práctica, o quererlo pero ceder ante el miedo al fracaso o a las consecuencias. Estos pensamientos lo que harán es impedir tu avance. Así que cuando actúas, actúa con confianza , con seguridad, con amor de que todo se va a dar.

Al final es muy cierto el dicho que dice que nos arrepentiremos por las cosas que no llegamos a hacer.

Actuar es la clave perfecta para transformar nuestras vidas, debemos atrevernos a actuar ya que es la única manera que sabremos si podemos conseguir algo. En la vida hay que tomar riesgos y el riesgo más grande es no actuar, no entrar en acción. Cada acción que tomes o no tomes afectará tu futuro.

Así que gana confianza en ti mismo, comprométete, muévete, no lo pienses tanto, mantente siempre en el ahora y actúa. Cuántas veces te has quedado pensando, sabiendo realmente lo que debes de hacer pero no tomas esa decisión. El no tomar esa decisión causa que tengas una baja autoestima y te hará sentirte inseguro por no tener el valor de tomar esa acción. Es fundamental que si quieres sentirte bien contigo seas firme con tus decisiones y con tus acciones. Cuando quieras conseguir algo de verdad, cuando realmente quieres algo, tienes que comprometerte al dar el todo por el todo para conseguirlo.

Toma todas las acciones necesarias para conseguirlo y sal de la confusión. Si quieres transformar tu vida tienes que entrar en acción hacia el logro de tus metas al 100 x 100.

ENTREVISTAS A CELEBRIDADES EN "ARI GLOBAL SHOW" SOBRE LA IMPORTANCIA DE ENTRAR EN ACCIÓN:

♦ DE LA GHETTO

Una de las entrevistas más vistas de mi canal fue cuando hablé de cómo De la Ghetto salió del barrio para alcanzar la fama. De la Ghetto ha colaborado con artistas como Nicky Jam, Ozuna, Becky G, Pitbull y Anitta. Y él nos cuenta que lo importante es tomarse en serio el trabajo y actuar.

—**Ari Global:** La carrera del artista es completamente difícil sostenerse con bastante éxito, sin embargo tú lo has logrado desde hace muchos años ¿Cuál es el truco, la clave?

—**De La Ghetto:** La constancia, la humildad, tú nunca puedes mirar a nadie sobre tu hombro. Esto es un trabajo, al principio de mi carrera era como "wow, estoy en el género ¿Cuánto voy a durar?", entiendes, no tenía dirección, y era más como un relajo, nunca lo cogí serio como un trabajo serio, y esto es algo bien serio ¿sabes? Hay que levantarse temprano, hay que trabajar, hay que recorrer el mundo, hay que leer, tienes que aprender de tu negocio,etc.

♦ BOZA

Cuando estuve en Panamá tuve la oportunidad de entrevistar al cantante panameño Boza, quien es la nueva sensación de la música urbana, ya que ha logrado trascender fronteras con su música, convirtiéndose en un fenómeno global y revolucionando las redes.

Actualmente, cuenta con más de 310 millones de vistas en sus videos en Youtube. Boza se dió a conocer especialmente gracias al éxito viral de su sencillo "Hecha Pa Mi" que fue tendencia en Tik Tok. La canción revolucionó todas las plataformas de música digitales con más de 455 millones de reproducciones y más 94 millones de views en Youtube. Su historia es de un chico que pudo lograr superar todas las limitaciones. Creció en un barrio con pocas posibilidades económicas e inclusive estuvo en la cárcel, lo más importante es tomar acción creyendo en uno mismo .

—**Ari Global**: Has conseguido muchísimas metas ¿Qué le recomendarías a todos los jóvenes que son soñadores y están en una situación que están estancados, que no ven escapatoria, que no tienen el dinero para salir y que están en ese círculo que de alguna manera puede resultar tóxico.

—**Boza**: Yo nunca me voy a olvidar de dónde soy, nunca abandono eso. Yo creo que no hay que olvidarse de dónde uno viene, pero si hay que enfocarse mucho en uno mismo, ya que la salvación es individual.

Simplemente es creer en lo que tú haces, todo el mundo tiene un don, simplemente hay que encontrarlo, muchas veces hay que salirse y qué está bien, qué está mal, y ser objetivo con uno mismo, autocrítico, aunque duela, aunque moleste, pero hay que hacer las cosas, no simplemente decir que uno lo va a hacer sino hacerlo. A veces es difícil, no es fácil, el cambio es difícil, la mayoría de las personas no están aptas ni están preparadas para el cambio, pero yo creo que los que se arriesgan son los que ganan.

♦ BLAKE JENNER

Me tocó entrevistarlo para la serie "What if" de Netflix donde actúa junto a Renée Zellweger. Nos habla sobre la reflexión principal de la serie en la que nosotros somos los únicos que podemos crear nuestra realidad.

—**Ari Global:** La serie de Netflix "*What if*" nos muestra que si queremos una vida llena de propósitos tenemos que cambiar la noción de que todo pasa por una razón ¿Cómo funciona esto?

—**Blake Jenner:** El personaje principal, que lo interpreta Reneé Zellweger, es Anne Montgomery dice: Tienes que tomar acción sobre tu vida porque nada es un accidente, tienes que planificar y apuntar cada cosa que quieres lograr para poder alcanzar la grandeza y eso da paso a la pregunta. ¿Las cosas pasan de forma espontánea o pasan por una razón? ¿Estamos a cargo de todo o tenemos que cortar algunas cabezas para lograr nuestro objetivo? Así que para responder la pregunta básica de quién eres puedes estar en el lado suave o en el lado oscuro de una situación.

♦ JENCARLOS CANELA

Tiene una historia muy inspiradora. Su familia se vino como inmigrante desde Cuba a EEUU y tuvieron que empezar de cero mostrándole a todos que si uno se compromete a lo que uno quiere lo puede lograr. Jencarlos ha llegado actuar con Eva Longoria , ha participado en series de NBC y Fox ; ha sido protagonista de telenovelas exitosas. También ha sido presentador de importantes premios, cuenta con su propia disquera, está por sacar una película con Kevin Hart, muchas de sus canciones han sido virales como "Bajito" que cuenta con más 62 millones de visualizaciones.

—**Ari Global:** Tu trayectoria como cantante la comenzaste a muy temprana edad y tus padres vinieron como inmigrantes a Estados Unidos por lo que podemos decir que todo lo que has conseguido ha sido a base de mucho esfuerzo. ¿Cómo ha sido tu proceso y crecimiento a la hora de alcanzar tus sueños?

—**Jencarlos Canela:** A la hora de alcanzar mis sueños, yo soy una persona que cuando me gusta algo, me propongo y yo voy a eso. Me criaron en mi familia, yo ví el ejemplo en mi padre que dejó la dictadura en Cuba para empezar de cero y se vino por su familia, estuvo perdido en el mar siete días, casi pierde su vida, pero logró cumplir su promesa, logró traer a toda su familia para acá, y ese fue el ejemplo con el que nosotros crecimos.

Yo vi a un padre que siempre luchó por lo que él consideraba correcto y siempre puso su familia primero, entonces esos son los códigos que yo tengo instalados en mí y cada meta que me propongo me siento invencible, me siento que no hay nada que yo no pueda lograr, y yo siento que todos tenemos esa capacidad como seres humanos, pero definitivamente he aprendido con el tiempo a planear, o sea no es decir "quiero lograr esto" y rezar y esperar, no, tienes que actuar, tienes que hacer un plan "¿Cómo logro eso?", tengo que prepararme acá, tengo que aprender esto, es un juego de ajedrez.

♦ VICTORIA ALONSO

Es una de las genias responsables de producir muchas de las icónicas películas de Marvel, Avengers. Nos cuenta que la clave es continuar aunque haya caminos difíciles, porque la realidad es que siempre se van a seguir encontrando obstáculos, por lo que hay que continuar tomando acción.

—**Ari Global:** ¿Cuál es la clave para ser diferente e innovador?

—**Victoria Alonso:** La clave es tratar de no rendirte cuando te cierran la puerta en la cara, porque lo van a hacer, lo van a hacer todo el tiempo y lo hacen en cualquier nivel. Las personas creen que porque llegaste a un cierto punto en tu carrera las puertas no se van a cerrar, pero la puerta siempre está cerrada y tienes que derribarla. Derribar puertas es un ejercicio que no dejas de hacer nunca.

LA PREPARACIÓN Y LAS OPORTUNIDADES

Una de las claves para el éxito es estar preparados para las oportunidades que se nos presentan en nuestra vida. Hay muchas personas que han perdido grandes oportunidades por no haber estado preparadas, por no saber reconocer una oportunidad, por no atreverse o simplemente dejan que pase la oportunidad pensando que en algún momento se volverá a repetir.

Hay dos tipos de oportunidades: las que buscamos nosotros mismos o las que llegan de forma inesperada. Y para ambos tipos de oportunidades es importante estar preparados y listos para aprovecharlas al máximo.

Un ejemplo de una persona que puede desperdiciar una oportunidad que llega inesperada y rápidamente y no está lista puede ser: que te inviten ese mismo día a un encuentro importante con personas de tu trabajo, que sabes que será beneficioso para ti y para tu crecimiento, pero como es una oportunidad de último minuto decides no asistir. Del otro lado de la orilla, hay otros que sí han hecho su trabajo, y que al atreverse aprovechan la oportunidad al máximo porque saben que ese evento no se va a repetir.

Es muy importante saber actuar rápido, a la hora de estar listos para las oportunidades que se presenten, y si es necesario hacer cambios para conseguirlas, ¡hazlo!. El requisito básico para cualquier oportunidad es la preparación, no importa si llega hoy o en 1 o 5 años, lo que sí importa es que cuando ese día llegue estés preparado, informado y entrenado .

¿Cómo podemos estar listos para una oportunidad? El primer requisito para estar listos es que estudies y te prepares mucho todos los días, esto hará que cada día seas el mejor en tu área, tengas mayor conocimiento y que estés preparado para cuando llegue la oportunidad.

Hoy en día hay mil maneras de educarnos, de estudiar y de prepararnos para ser los mejores. Puedes buscar videos en YouTube donde puedes aprender nuevos tips, buscar libros sobre esas personas que admiras, aplicar a cursos, reunirte con otros que les guste compartir la mismas experiencias, ya que de esta manera también pueden intercambiar información y pueden surgir otras ventajas inesperadas.

Esto mismo es aplicable a todas las personas sin importar la profesión que tengan: maquillista, estilista, peluquero, deportista, cantante, empresario, chef, escritor, profesor, etc. Sea lo que sea a lo que te dediques es clave y fundamental que te prepares todos los días. Entre más preparado e informado estés más probabilidades habrá de que surjan cada vez mejores oportunidades.

Si quieres ser el mejor debes prepararte y si quieres que te lluevan las oportunidades debes prepararte y si quieres buscar oportunidades debes prepararte. Porque a lo mejor logras llegar a la reunión que tanto deseabas pero si no estás preparado y no das lo mejor de ti no te van a dar ese trabajo o eso que tanto deseas . así que prepárate, infórmate, invierte en ti, sé la mejor versión de ti todos los días.

La preparación es el paso previo para ser el mejor en lo que te dediques. Nada peor que tener una oportunidad sin tener una preparación adecuada, sin tener los objetivos claros, con poca investigación, en fin, sin saber cómo plantear soluciones a los problemas. Es una pérdida de tiempo tanto para ti como para el otro, será una oportunidad perdida y un fracaso asegurado.

¿Quieres tener un gran futuro?: no esperes por la oportunidad, ¡créala! Si te esfuerzas lo suficiente y si eres fiel a tu destino todo llegará en el momento adecuado. Todo llega en su tiempo divino. En vez de confiar en la suerte, confía más bien en tu preparación y talento, nunca será demasiado para estar listos en el momento que llegue la oportunidad.

Hay muchas personas que parecieran que tienen mucha suerte, y el secreto no es la suerte, el secreto es que todas esas personas a las que les llega la suerte son personas que trabajan constantemente en ellos mismos para atraer más de estas oportunidades. Si quieres potenciar tus oportunidades tienes que trabajarlas todos los días e ir tras ellas.

Trabaja duro, convirtiéndote en una persona única e indispensable. Algo que también atrae las oportunidades es el ser curioso. Investiga, haz un reportaje de todas aquellas personas curiosas que se han dedicado a averiguar y a buscar, ve cómo han conseguido oportunidades grandísimas que jamás se hubieran imaginado. Todo empieza por la curiosidad, así que no te limites.

La curiosidad te permite querer indagar un poco más acerca del mundo. Normalmente los curiosos no quedan satisfechos con lo que saben y lo que tienen, sino que buscan aprender o descubrir más.

También tienes que tener en cuenta el factor tiempo, hay algunas oportunidades que llegan rápido, y otras que toman hasta años, algunas podrían parecer insignificantes pero esas mismas podrían transformar tu vida. Así como también hay grandes oportunidades que, al no estar preparado, las puedes perder. Tanto para las pequeñas oportunidades como para las grandes debes estar siempre listo.

Y cuando llegue esa oportunidad tenemos que tener la mente abierta y ser flexibles, hay que moverse, salir, atreverse, inventar en el acto nuestra labor, crear un puente entre nosotros y el éxito.

En cuanto se te presente una oportunidad, analiza bien, actúa sin miedo, prepárate bien y da siempre el 100x100 porque esa oportunidad es tuya, y recuerda: no esperes el momento oportuno, más bien haz de ese momento, que incluso puedes propiciar, una gran oportunidad. Así que si quieres transformar tu vida, debes prepararte y aprovechar las oportunidades al 100x100.

· ·

ENTREVISTAS A CELEBRIDADES EN "ARI GLOBAL SHOW" SOBRE LA IMPORTANCIA DE ESTAR PREPARADO PARA LAS OPORTUNIDADES:

· ·

♦ SAMANTHA SÁNCHEZ

Empezó a darse a conocer por ser una youtuber, muchos de sus videos se hicieron virales, cuenta con medio millón de suscriptores en Youtube y ahora es una de las nuevas promesas como cantante. Nos habla de los requisitos para alcanzar nuestros sueños y la importancia de trabajar mucho tomando acciones para conseguir lo que queremos.

—**Ari Global:** Algo muy bonito que he visto en tus videos es que motivas a muchas personas a alcanzar sus sueños. ¿Cuáles son las claves básicas para alcanzar los sueños? ¿Cuando deseas algo qué se necesita?

—**Samantha Sánchez:** El primer requisito es quererlo demasiado. Yo diría también que trabajar, trabajar, si tú literalmente quieres algo, es tu sueño, desvelarse por ello, aprender, seguir aprendiendo, porque tenemos tanto que aprender y verdaderamente nunca se abren las oportunidades, eso nunca para, y mientras uno se va preparando más y vas creciendo en lo que verdaderamente quieres te vas volviendo mejor y más seguro te sientes sobre ti mismo, y cuando ya estás seguro de ti *the world is yours* (el mundo es tuyo).

♦ XIMENA CÓRDOBA

Es un gran ejemplo de una mujer con una historia inspiradora en la que nos muestra a todos que nuestros sueños se pueden hacer realidad a pesar de los obstáculos y de las personas que te dicen que no. Ximena se ha convertido a lo largo de los años en una gran presentadora, modelo, actriz , periodista, madre y una de las colombianas más queridas internacionalmente.

Ha sido portada de grandes revistas como Vanidades, Women's Health y Cosmopolitan. Como actriz recientemente participó en una película de Hollywood junto a Adam Sandler y Shaquille O'Neil. Como presentadora de TV ha participado en programas como El Gordo Y La Flaca, Fox Sports, TNT. Ximena nos habla sobre la importancia de aprovechar al máximo las oportunidades.

—**Ari Global:** Has tenido muchos logros, has estado en programas donde la audiencia es increíble, el rating es altísimo, como por ejemplo "Despierta América", "El Gordo y la Flaca", Fox Sports, TNT, has estado en portadas de revistas, has conseguido estar en "Hubie Halloween" una película de Hollywood, pero estas oportunidades llegan porque uno trabaja mucho y uno se tiene que preparar. ¿Cómo te preparas tú día a día para estar lista para estas oportunidades?

—Ximena Córdoba: Yo aprendí algo de una amiga de un programa que se llamaba "Tu desayuno alegre", ella se llama Jessica Fox, eran mis inicios y nunca voy a olvidar lo que ella me enseñó. Ella me dijo: "Xime, siempre busca oportunidades cuando estés trabajando". ¿Por qué?, porque el trabajo llama al trabajo, la abundancia llama a la abundancia, cuando tú mejor estás y estás en tu mejor momento es cuando tienes que buscar cosas, oportunidades. Ella me enseñó a no esperar, a buscar oportunidades en los momentos de mayor actividad, cuando estés trabajando mucho. Siempre busca oportunidades cuando estés más activa, cuando estés cotizando más y cuando estés trabajando más.

♦ Micro TDH

Cantante venezolano quien continúa sembrando éxitos. En los últimos años ha logrado alcanzar cifras impresionantes de streams con canciones que se han hecho virales como "Dime Cuantas Veces", Ft. Justin Quiles Rels B, Lenny Tavarez, "Demasiado Tarde" Ft. Lenny Tavarez, "Te Vi" junto a Piso 21 y el éxito global "Jerusalema" Remix" junto a Greeicy . Micro TDH nos habla sobre las oportunidades y que hay veces que el tren solo pasa una vez.

—Ari Global: La canción refleja lo que mencionas sobre las oportunidades ¿Qué tan importante es actuar en el momento? ¿Valorar lo que uno tiene? ¿Crees que las oportunidades a veces las tenemos una sola vez?.

—**Micro TDH:** Si, yo creo que hay oportunidades que se presentan una vez en la vida, que son como conchitas de mango de Dios, en donde dicen: "Ojo porque si coges esta oportunidad se abrirán puertas para ti". Pero también creo que hay oportunidades que si son para ti, como dice mi madre "lo que es para ti ni que te quites", cuando son para ti Dios te presenta los trenes varias veces, o sea que hay que estar alerta en todo momento porque a veces nos ponen la misma estación de trenes millones de veces y no somos capaces de verla.

♦ WILLIAM VALDÉS

Es un actor, presentador y cantante de origen cubano. Ha participado en numerosos proyectos de televisión como Gracchi, el rostro de la venganza, voltea pa'que te enamores. William formó parte de la banda mexicana CD9 y también fue presentador de programas como Despierta América. William tiene una gran historia de superación, ya que todo lo que él consiguió fue a base de mucho esfuerzo y dedicación.

—**Ari Global:** A lo largo de tu carrera has conseguido oportunidades espectaculares, bellísimas, tanto como actor, presentador, en todas las áreas del entretenimiento ¿Qué son las oportunidades para ti? ¿Cómo recibes las oportunidades?

—**William Valdés:** Yo creo que las oportunidades le llegan a todo el mundo, eso yo lo llamo trabajar duro, tocar la puerta, si se abre *cool*, si no toca la ventana, si no dale la vuelta a la casa y toca la puerta de atrás, eso para mí son las oportunidades. Yo creo que las oportunidades le llegan a la gente que tiene claro lo que quiere, que trabaja para tener lo que quiere y sabe lo que quiere hacer en la vida. Yo desde muy pequeño empecé a trabajar, empecé a trabajar a los 15 años, fue cuando tuve mi primera oportunidad frente a una cámara que fue con un comercial con "La Chilindrina", con María Antonieta de las Nieves y de ahí me enamoré de lo que vi. Yo creo que esta vida es una carretera y tiene muchas salidas, entonces vas probando por aquí, vas probando por allá, hasta que definitivamente encuentras tu eje, lo que te gusta, lo que quieres hacer y ahí es cuando empieza el trabajo de verdad, porque yo creo que es más fácil llegar y más difícil mantenerse.

♦ EVA LONGORIA Y EUGENIO DERBEZ

Me tocó entrevistar a dos de los más grandes actores latinos en Hollywood para la película "Dora la Exploradora". Eva Longoria es conocida por ser una de las actrices de la exitosa serie de TV "Amas de casa desesperadas". Eugenio Derbez llegó a dirigir y protagonizar la película de habla en español más vista y más taquillera de la historia llamada "No se Aceptan Devoluciones". La película ha logrado recaudar más de 99,067,206 dólares . Ambos nos hablan de la importancia de educarnos , seguir aprendiendo y transmitir imágenes positivas.

—**Ari Global:** ¿Cómo creen que la gente se puede inspirar con esta película?

—**Eugenio Derbez:** Pues yo creo que educando a la gente y haciéndola reír es una fórmula maravillosa, porque Dora siempre ha sido la niña que te enseña inglés o español, pero siempre te está enseñando algo. Y ahora, a través de la comedia que van a ver en esta cinta, que básicamente es una comedia, vas a poder seguir aprendiendo y te va a seguir educando.

—**Eva Longoria:** Esta película es muy importante porque representa nuestra comunidad en una manera que el mundo tiene que ver, especialmente en EEUU yo creo en este momento que estamos viviendo en nuestra comunidad, estas son imágenes positivas que toda la gente necesita ver.

—**Eugenio Derbez:** Es algo que siempre hemos luchado por cambiar la imagen de los latinos en Hollywood, y esta es una película que creo que hace eso, te enseña una imagen positiva de los latinos en Hollywood.

♦ MARIO CÁCERES

Es uno de los compositores detrás de los más grandes éxitos de la música latina, algunas de sus canciones más virales donde él ha trabajado han sido "Felices los 4" de Maluma y Marc Anthony, "Mayores" de Becky G y Bad Bunny , "Vacaciones" de Wisin, "Se Vuelve loca" de CNCO, "Viene y Va" C. Tangana y Natti Natasha, "Medicina" Anita entre muchas más canciones. Aparte de ser un gran compositor también es un gran cantante y productor musical. Ha recibido múltiples premios, menciones y reconocimientos a nivel global.

—**Ari Global:** Que bonito es el poder visualizar nuestros sueños y que luego se hagan realidad. Cuando llegaste a EEUU empezaste de cero como muchos. Cuéntanos un poco tu historia de como te fuiste preparando para cada etapa.

—**Mario Cáceres:** Es muy importante estar preparados. Yo me siento y me veo reflejado en cada uno de los talentos que conozco independientemente de la etapa que esté viviendo. Yo siento que hay que tener amor por lo que uno hace, el amor verdadero, ese que hace que no te pese ni un solo día porque el tiempo que vaya a tomarse . Eso que ha de suceder no lo maneja uno, lo maneja Dios y la vida, pero es muy importante no querer saltar etapas. Es vital que cuando las oportunidades y los milagros se den que estés preparado. Porque qué pasa si se te da el milagro y esa misma oportunidad la pierdes porque no estabas preparado. Tienes que aprovechar el tiempo en prepararte, para que cuando se te dé la oportunidad de verdad puedas tener un buen resultado y pueda ser sostenible en el tiempo. Todo lo que sueñas se hace realidad con mucho trabajo, con mucho esfuerzo, con mucha paciencia, con mucha preparación y con mucha fe.

◆ MELODÍA PERFECTA

Melodía Perfecta está formado por dos hermanos del dúo juvenil Gio y Gabo, quienes están cada vez creciendo más internacionalmente, sus vídeos cuenta con millones de views, por ejemplo, *"Juntos"* 27 millones de views, un videoclip espectacular grabado durante cinco días en el Parque Nacional Canaima y un día en Caracas, Venezuela. Entre sus primeros temas está *"Ya No Me Enamoro"*, el cual marcó un éxito en las radios. Nos hablan de la importancia de estar preparados para cuando llegue la oportunidad.

—**Ari Global:** En la carrera de artista hay muchas oportunidades que se abren y otras que se cierran a medida que uno va alcanzando el éxito. ¿Cómo reconocen una oportunidad? ¿Qué son las oportunidades para ustedes y cómo las aprovechan?

—**Melodía Perfecta:** Es una ruleta rusa, siempre vas a tener la corazonada, el instinto, el sentido de decir "bueno este es mi momento y lo puedo hacer", pero nosotros trabajamos más en base a estar preparados para cuando realmente llegue ese momento, todos los momentos nos preparamos para cuando llegue el momento grande de Melodía Perfecta. Internacionalmente hablando estamos preparados y listos para poder dar la cara y no quedar en el aire y que sea solo un golpe de suerte sino que de tanto sacrificio, tanto buscar, tanto insistir pues estamos donde queremos.

♦ CHEF JAMES TAHHAN

Es tres veces ganador del Emmy, autor del libro best seller "*Cocina en casa*". Después de haber participado como chef por más de 10 años en Telemundo decidió lanzar su prestigiosa academia llamada "Foodie Escuela". También ha llegado a cocinar para la Casa Blanca. A la vez ha sido juez de shows de cocina en los Estados Unidos como Worst Cooks in America, Masterchef Latino y Top Chef en los países árabes. Estudió en la reconocida escuela de cocina en Le Cordon bleu y desde ahí ha ido convirtiéndose en uno de los top chefs. Nos aconseja sobre la importancia de poner en práctica nuestro conocimiento para llegar lejos.

—**Ari Global:** Otro logro es que has sido juez en varios shows de Televisión, incluyendo Master Chef Latino ¿Qué es lo más difícil de ser chef al tener tanta competencia? Porque me imagino que debe haber mucha competencia.

—**Chef James:** Si la competencia es difícil, por suerte uno tiene un trabajo que es menos estresante, pero igual de difícil porque cuando eres juez de estos shows de cocina tienes que poner muchísimo en práctica tu conocimiento, porque tu conocimiento es lo que verdaderamente va a identificar si ese concursante hizo el mejor trabajo posible o en qué falló, o en qué no falló, entonces tienes mucha responsabilidad detrás de estos shows, yo hice Master Chef en diferentes oportunidades, hice Top Chef tanto en inglés como en español, hice Top Chef en árabe en el medio oriente, que fue un gran logro.

Irme a hacer un programa en árabe en el medio oriente fue otra historia, esas grandes oportunidades que te da la vida. Para poder recibirlas tienes que tener mucho conocimiento y estar muy preparados. Es gratificante el poder hacer todas estas cosas y para mí más que el decir "he hecho todas estas cosas", me gusta contarle a la gente que he podido hacer todas estas cosas porque he trabajado en hacer estas cosas y porque yo soy igual a cualquier persona, no soy diferente, no tengo súper poderes, llegué de un país que hoy se puede decir que es uno de los países con una de las peores crisis del mundo y lograrlo verdaderamente está en nuestras manos y en nuestros sueños, entonces nada de estos éxitos los cuento por presumir, los cuento para inspirar y decirle a la gente "si yo lo logré cualquiera lo puede lograr".

VIVIR EN EL PRESENTE

En la vida no hay nada garantizado más que el ahora. El pasado no lo podemos cambiar y por mucho que planeemos el futuro es incierto. Por lo que es importante vivir en el presente y dar el 100x100 de ti sobre lo que tienes enfrente y aprender el valor del ahora.

Muchas personas dan las cosas por sentado, o no valoran lo que tienen en el momento y al pasar los años terminan por tener la sensación de haber perdido su tiempo. Cuando vivimos en el presente experimentamos un estado de perfecta armonía, felicidad, disfrute, agradecimiento, de prevalecer. Cuando vivimos en el ahora estamos viviendo en nuestra esencia pura y viviendo al máximo la aventura de nuestra vida. Aunque esto suene fácil la mayoría de las veces nos dejamos llevar por nuestras emociones y pensamientos y estamos en todas partes menos en el momento presente.

¿Cuántas veces has llegado a una mesa y las personas están pendientes del teléfono pensando en lo que está haciendo el otro o viendo el Instagram? Cuando no estás enfocado al cien por ciento en lo que pasa a tu alrededor no estás viviendo en plenitud.

Otra cosa muy común es que vivimos también pensando en el futuro. Cuántas veces hemos dicho: "empezaré el gimnasio mañana", "mañana sí le expresaré mis sentimientos a esa persona" o "aplicaré al trabajo mañana". Entre más procrastinamos las cosas, más se acumularán y quizás nunca ni siquiera lleguemos a comenzarlas. Lo que siembres y cuides hoy, será el resultado en tu futuro. Así que todo, absolutamente todo lo que quisieras tener en el futuro tienes que empezar a cuidarlo hoy.

Y con respecto al pasado, también hay muchas personas que se quedan atormentadas, estancadas por experiencias que vivieron. Las experiencias del pasado las debemos ver como un aprendizaje para evolucionar y así darnos la importante oportunidad de dejar ir aquello que todavía nos pesa y poder seguir avanzando. Es importante callar nuestro diálogo interno, ese que nos hace ruido y no nos deja vivir en plenitud en el momento en el que estamos.

No podemos ni vamos a lograr nada preocupándonos, lo único que podemos hacer es encontrar alguna solución, y si algo no tiene solución, pensaremos "¿qué puedo hacer para estar mejor por dentro y por fuera?" Cuando estamos enfocados en el presente al 100x100 y estamos dando todo lo que podamos, siendo nuestra mejor versión, verás como serás mejor en el trabajo, tendrás y cuidarás mejor tu relación de pareja, amistades y todo.

Si queremos vivir en el momento lo mejor que podemos hacer es centrar la atención en aquello que estamos haciendo. Nuestra mente tiende a volar hacia otros lugares fácilmente. Disponemos de un potencial inmenso pero no estamos viviendo el presente. Debemos simplificar y enfocarnos en lo que hacemos y algo que nos puede ayudar también es evitar el multitasking, ya que cuando estás haciendo muchas cosas a la vez tienes la energía repartida en miles de sitios, en lugar de enfocar esa energía efectivamente en un propósito.

También algo muy útil es organizar tu día y darle prioridad a las cosas que realmente son más importantes, ya que vivimos en una sociedad que entre más eventos estés, entre más lugares o cosas hagas, entonces "eres más *cool*". Pero en realidad esto crea un caos mental en tu vida, porque no se le puede poner tanta energía a tantas cosas. Es fundamental que seas selectivo: a qué eventos vas a ir, con quién compartes tu tiempo, cómo organizas tu día para vivir el presente al máximo.

Tenemos tendencia a estar siempre corriendo detrás de aquello que aún no ha llegado y una vez que conseguimos lo que queremos ya estamos pensando en lo próximo que queremos alcanzar sin disfrutar realmente el camino, y la clave al éxito es disfrutar cada momento, cada instante. El vivir solo existe en el momento presente. Pero si no somos capaces de experimentar ese momento en toda su magnitud, perdemos la parte grandiosa de todas las cosas bellas que nos suceden.

Muchas personas viven en ansiedad, llena de rencores, culpas, preocupados por lo que tenían, por lo que no tienen, por lo que les queda por conseguir y se olvidan de que tienen mil cosas por las que agradecer. Si se fijaran en todo lo que les rodea y de lo que serían capaces de hacer, vivirían en el presente.

Como bien dijo el Dalai Lama: "Solo existen dos días en el año en que no se puede hacer nada. Uno se llama ayer y otro mañana". Por lo tanto, hoy es el día ideal para amar, creer, hacer y principalmente vivir. Si tu felicidad es tu meta vive el ahora, que es lo único garantizado que tenemos en nuestra vida.

¡Vive aquí y ahora! Para sacarle partido a tu vida, no dejes para mañana lo que puedas hacer hoy. Y recuerda que cada momento que tenemos es un regalo de Dios.

Así que si quieres transformar tu vida al 100 x 100 tienes que vivir en el presente.

ENTREVISTAS A LAS CELEBRIDADES EN "ARI
GLOBAL SHOW" SOBRE LA IMPORTANCIA DE
ESTAR EN EL PRESENTE:

. . . .

♦ PATRICIA MANTEROLA

Patricia es considerada como una de las estrellas mexicanas
más reconocidas entre los latinos de Estados Unidos y alrededor del mundo. Es una de las pocas latinas que ha sido en-
trevistada por Oprah Winfrey. Nos dice que cuando ella se dió
cuenta de la importancia de vivir en el presente todo cambió.

—**Ari Global:** Vivir en el presente creo que es una gran lección que hemos aprendido durante esta pandemia, y también me imagino que lo has aprendido con la meditación.

—**Patricia Manterola:** Sí, pues mira, hubo un libro que
se llama "El Poder del Ahora" de Eckhart Tolle, que lo leí
en 2003. Y ese libro que leí hace casi 17 años cambió mi
vida, cambió mi vida para bien, porque yo antes, al igual
que mucha gente, vivía mi vida, mi felicidad dependía del
futuro, "lo que yo logré en el futuro" o vivía mucho en
el pasado "es que cuando yo tenía…" Y muy pocas veces
realmente disfrutaba el presente al máximo, entonces ese
libro vino como a sacudirme y me empezó a dar muchos
regalos, empezó mi búsqueda mucho más interna y des-
cubrí obviamente la herramienta de la meditación que ya
no se va de mi vida, porque la meditación te ayuda a poner
tu atención en el presente, te ayuda a poner tu atención en
tu ser interior.

Cuando descubres la magia y lo poderoso que es la meditación te das cuenta que lo puedes hacer en cualquier momento, en cualquier circunstancia cuando estás esperando

a recoger a los niños en la escuela, te sientas dos minutos, cierras los ojos, y a veces hasta los sonidos externos me ayudan a poner mi atención dentro de mí y de repente se borran, y los escuchas pero ya no te alteran.

♦ SANTI CRUZ

Es uno de los artistas más importantes de Colombia. Lleva más de 15 años de carrera artística. El cantante ha tenido la oportunidad de compartir conciertos con Alejandro Sánz, Miguel Bosé, Pablo Milanés y David Bisbal. Ha sido ganador del Grammy latino. Y nos cuenta que una de las cosas que más ha aprendido con el tiempo es vivir en el presente .

—**Ari Global:** Hay veces que nos cuesta no perder la fe y encontrar razón a las cosas como bien dice la canción "Solo por Hoy" ¿Cómo haces para salir de los momentos en que tienes altibajos? ¿Cuál es tu escape? ¿Cuál es tu solución? ¿Qué haces?

—**Santi Cruz:** Procuro meditar, la verdad que no he logrado coger un ritmo, pero me ha ayudado un montón. Me ayuda a concentrarme en el aquí y el ahora, yo viví un proceso de rehabilitación de drogas y alcohol hace muchos años, que me enseñó el valor del "sólo por hoy", una frase que todos los que hemos pasado por ese proceso conocemos mucho porque es parte fundamental de ese proceso.

Ese entendimiento me ha venido muy bien en estos días, concentrarme en el aquí, el ahora, el eterno presente porque lo que pasó ya pasó y lo que viene pues no tenemos ni idea, nunca lo hemos sabido, nunca hemos tenido una idea, lo que pasa es que antes hemos tenido una falsa sensación de control que nos ayudaba ante la incertidumbre, pero ahora realmente no tenemos ni idea.

♦ TECHY FATULE

Ha subido al escenario junto artistas como Juan Luis Guerra, Juanes, Ha*Ash, Kanny García. Viene una familia llena de artistas y el talento lo lleva en la sangre. Ha trabajado en el cine, televisión, radio y teatro. Nos habla sobre la importancia de vivir en el aquí y en el ahora.

—**Ari Global:** El vivir en el presente nos está enseñando a valorar el ahora cada segundo.

—**Techy Fatule:** De hecho hoy me hice este tatuaje que dice "Today" (Hoy).

—**Ari Global:** ¡Wow! ¿Qué significa Today para ti?

—**Techy Fatule:** Como te expliqué, he vivido unas situaciones que nunca imaginé. Hace unos días perdí a una amiga, y fue una muerte totalmente inesperada. Era una persona que llenaba mi vida y que le faltaba muchísimo por vivir, y por esto entiendo que ahora todos tenemos un contrato de la vida que se acaba de alguna u otra forma, y yo dije que iba a asumir un compromiso de todos los días estar presente en el hoy.

Pero si estás consciente de que este momento no se vuelve a repetir, esta conversación que ha sido muy profunda no se va a repetir, hay tantos misterios lindos en la vida. Decidí asumir el compromiso por mi amiga, por mi abuelo que está malito, de vivir el presente, consciente de que estoy muy agradecida, de que tengo lo que necesito, de que estoy respirando y mirando el sol.

♦ MAXI Y AGUS DEL DÚO MYA

Ellos se han convertido en unos de los jóvenes argentinos más exitosos, han colaborado con artistas como Mau y Ricky,

Pedro Capó, Tini. Ellos decidieron poner el título del álbum "Hoy", nos contaron sobre la importancia de hacer las cosas HOY.

—**Ari Global:** Hablemos del título de su disco "Hoy". ¿Qué significa para ustedes hoy?

—**Agus:** "Hoy es una palabra que a nosotros nos representa muchísimo y nos representó en muchos momentos, sobretodo cuando tomamos la decisión de formar MYA, ahí nos dimos un autoconsejo a nosotros y dijimos "si, lo sentimos ahora y el momento es HOY, vamos a hacerlo, no hay tiempo para mañana", entonces tomamos la decisión de formar el dúo y también creo que es un lindo mensaje para todos.

Por ahí uno piensa mucho las cosas y las analiza, "Y si lo dejamos para mañana" y "el qué dirán…", quizás cuando uno siente que es ahora que el momento es HOY, hay que hacerlo.

♦ MARGARITA PASOS

Es una gran entrenadora corporativa y conferencista internacional quien cambió su vida por completo, convirtiéndose en una de las conferencistas más importantes según Fortune 500 consiguiendo más de 4 millones de views en los TEDTalks. "Cambia tu mente, cambia tu vida" es una de sus frases principales.

—**Ari Global:** Algo muy importante es el tiempo, muchos de nosotros perdemos mucho tiempo en cosas que no merecen la pena o atrasamos las cosas y no las terminamos haciendo ¿Cómo podemos administrar nuestro tiempo para ser más eficaces en el trabajo?

— **Margarita Pasos:** La palabra clave de manejo del tiempo es "consecuencias", todo lo que haces o dejas de hacer tiene una consecuencia, entonces yo estoy donde estoy hoy por lo que hice o dejé de hacer ayer y yo voy a estar donde voy a estar mañana como consecuencia de lo que haga hoy. Entonces todos los días escribe lo que vas a hacer y piensa "¿Cuál de estas cosas tiene la mayor consecuencia para llevarme hacia la vida de mis sueños?", ya sea que te quieres comprar una casa, que quieres subir tus ingresos, entonces si estás en ventas ¿Qué tiene mayor consecuencia? ¿Ponerte a ver chismes en Instagram o ponerte a llamar clientes? Las consecuencias son muy distintas, a eso le llamamos actividades de alto valor o actividades de bajo valor. La gente de éxito tiene las mismas 24 horas pero pasa mucho más tiempo en actividades de alto valor, no es magia, la gente dice: "Pero este tuvo suerte" pero es levantarse más temprano, llamar más clientes, no pasar el día pegado de Netflix, Instagram, Facebook, o si está pegado en las redes es para ver cosas que lo alimentan, cosas que le ayudan a ser una mejor persona. Entonces pregúntate "¿Esto qué estoy haciendo me va a llevar a la vida de mis sueños?", y si la respuesta es no, deja de hacerlo y ponte a hacer algo que te va a llevar a comprar el carro que quieres, a tener la salud que quieres, a ganar el dinero que quieres.

LEY DE LA ATRACCIÓN: "EL PODER DE NUESTROS PENSAMIENTOS"

L a ley de la atracción consiste en que todo lo que atraemos a nuestra vida, ya sea positivo o negativo, lo hacemos con el poder de nuestra mente. Es decir, nosotros somos seres capaces de moldear nuestra realidad con nuestros pensamientos. Por ejemplo, si nos centramos en cosas positivas vamos a atraer cosas buenas; mientras que si nos centramos solo en los pensamientos negativos, eso es lo que obtendremos: consecuencias negativas. Por eso, es muy importante controlar cómo pensamos, porque nuestros pensamientos se pueden hacer realidad.

Esta ley está basada en que, como personas, tenemos la capacidad de influir en situaciones, eventos y circunstancias de nuestras vidas. Básicamente, atraemos lo que pensamos. Somos energía y la forma en que vibramos será la forma en que el universo responde a esas energías y a esos pensamientos. Y el poder de tu pensamiento puede afectar al mundo exterior. Dicen que nuestro mundo exterior es el reflejo de nuestro mundo interior, por lo que es muy importante cuidar mucho nuestra forma de pensar. Entre más alto vibramos y alimentamos nuestra mente con pensamientos positivos, lograremos atraer esas cosas positivas que tanto manifestamos.

La ley de atracción también nos ayuda a alcanzar muchas de las cosas que queremos en nuestra vida. Si nos enfocamos en algo que queremos, por muy inalcanzable o imposible que suene, podemos conseguirlo. Se trata de pensar que ya lo tenemos, sin preguntarse uno cómo va a suceder.

Puedes cumplir cualquiera de tus metas mientras continues manifestándolo, siempre a través de tus pensamientos. También debes tener en cuenta que no solamente basta con pensarlo y quedarte con los brazos cruzados esperando a que suceda, sino que también tienes que actuar todos los días para que ese pensamiento se transforme en realidad.

Es una combinación de pensar en positivo, tener la certeza de que lo vas a conseguir y tomar acciones a diario para alcanzarlo. Si no confías en que tienes la posibilidad de atraer lo que deseas mediante tus pensamientos y acciones, entonces no tendrás control alguno sobre tu destino y, por lo tanto, tu destino será caótico y dudoso.

Cada gran sueño empieza con la visualización, con la imaginación. Todas las personas que han alcanzado grandes cosas empezaron imaginando esa vida, ese sueño que tanto deseaban, por lo que es muy importante tener claro lo que realmente quieres en tu vida y qué es lo que deseas, porque si no tienes claridad lo único que lograrás atraer son obstáculos e inestabilidad. La visualización te lleva a tener pensamientos positivos para luego lograrlos mediante la atracción que ejercen esos propios pensamientos.

Nuestra mente tiene la capacidad de cambiar el mundo que nos rodea, con esta ley puedes incluso cambiar tu estado de salud, puedes mejorar y cambiar cualquier aspecto de tu vida. Son tus pensamientos limitantes, los miedos, la desconfianza y la falta de seguridad en ti mismo lo que te bloquea y no te permite avanzar. Todos estos pensamientos negativos son los que te limitan a no tener la vida que tanto deseas. Nuestra mente puede ser nuestra peor enemiga o nuestra mejor aliada, depende de cómo la uses.

Cambia tu forma de pensar y sentir, y podrás cambiar tu vida en tan solo segundos. Como nosotros vibramos es como nosotros atraemos. Así que atrévete y sé valiente, pídele al universo tus más grandes deseos porque todo es posible, el universo está lleno de bendiciones y de posibilidades. Si deseas atraer cosas positivas a tu vida, es necesario que irradies la misma energía, y que te enfoques en emociones positivas, tales como el amor, abundancia, prosperidad, paz, alegría e incluso estabilidad emocional y mental. Tienes que alejarte de cualquier pensamiento de escasez, negativo o limitante. Sé consciente de la calidad de tus pensamientos.

Si de verdad quieres algo tienes que poner toda la fe y confiar en que todo se dará a su tiempo. Todos podemos cambiar y transformar cualquier situación en la que estemos, por muy horrible que sea todo tiene solución. Puedes pasar de ser una persona con sobrepeso a llevar una vida saludable, de tener un montón de deudas a tener estabilidad e incluso riqueza financiera.

Se podría decir que somos como un imán, entre más alto vibres y entre más trabajes en tus emociones, mejores resultados tendrás. Así que es muy importante la manera en cómo alimentas tus pensamientos, pregúntate si le estás dando basura a tu mente, o si la estás dando oro. Mira a tu alrededor y analízate a ti mismo.

Podemos cambiar nuestra realidad cada segundo, puedes tener y conseguir todo lo que desees y mucho más. Piensa en que te mereces lo mejor, en que ese trabajo será tuyo, en que conseguirás ese amor que tanto deseas, ese dinero, esa casa, esa familia, todo lo que deseas lo podrás obtener. Empieza a creértelo, actúa y pon de tu parte todos los días para alcanzarlo, y verás cómo todo a tu alrededor empieza a cambiar. Así que vibra alto, pide en grande, pide en abundancia, todo depende de tus pensamientos.

Manifiesta esa vida que quieres. Siente, visualiza, actúa y disfruta el proceso. No podemos esperar a conseguir algo para ser felices, tenemos que empezar a sentirnos bien para atraer todo lo bueno. A la hora de manifestar nuestros deseos, es importante que lo hagas con todas tus fuerzas y tengas la certeza absoluta, sin ninguna duda, de que tu deseo se puede cumplir. Actúa, piensa, siente, cree, confía y agradece. Haz todo lo que sea necesario para fortalecer esa certeza absoluta de que tu sueño se va a realizar.

Todo se puede conseguir y todo es posible en esta vida. La mente es muy poderosa, úsala a tu favor y transforma tu vida.

Así que si quieres transformar tu vida al 100x100 usa la ley de la atracción a tu favor.

ENTREVISTAS A LAS CELEBRIDADES EN "ARI GLOBAL SHOW" SOBRE LA IMPORTANCIA DE LA LEY DE LA ATRACCIÓN:

♦ HENRY CAVILL

Fue el protagonista principal de la película "Superman". También tuvo un importante papel en la película "Misión Imposible" junto a Tom Cruise. Muchas veces las personas piensan que algunas cosas son imposibles de conseguir pero si crees en la Ley de la atracción por muy imposible que se vea, todos podemos lograrlo.

—**Ari Global**: ¿Puedes darnos un consejo para aquellos que están viviendo una "Misión Imposible"?

—**Henry Cavill:** Mi consejo sería que no lo veas como una "misión imposible", tienes que ver todo como una "Misión Posible" no importa cuan difícil sea. El espíritu humano es sorprendentemente fuerte.

♦ IR-SAIS:

Es un cantante, compositor y productor holandés-antillano nacido Bonaire quien se hizo viral globalmente con su exitosa canción "Dream Girl". La canción tiene más de 100 millones de views en youtube y superó el millón de visitas en TiK Tok. Los fanáticos de todo el mundo, jóvenes y mayores, participaron en el challenge de Dream Girl, así como estrellas como Jason Derulo, cuyo video obtuvo más de 21 millones de visitas y más de 2.9 millones likes en Tik Tok. A los 11 años empezó a tocar batería con latas de aluminio y poco a poco fue saliendo adelante con su música.

—**Ari Global:**¿Te imaginaste en algún momento que tu canción "Dream Girl" iba a llegar tan lejos? ¿Qué tanta gente la iba a escuchar?

—**Ir-Sais:** Siempre he soñado que estamos trabajando duro y que algún día esto pasaría, que algún día a llegar la llave para poder abrir todas las puertas, y haciendo las cosas diferente, atendiendo los comentarios de toda la gente y mirando atrás en mi carrera, mirando el proceso, lo que puedo decirle a alguien que aspire llegar a algún lugar: ve creyendo en ti mismo, ve soñando, ve pensando que algún día voy a llegar al mundo y cuando llega es real, es súper real. Yo siempre he soñado.

♦ JACK WHITEHALL Y DARBY CAMP

Tuve la oportunidad de entrevistar a los actores de la icónica película "Clifford the Big Red Dog Movie" en la que muchos crecimos leyendo sobre el libro .Es una película que nos muestra que la vida está llena de Magia y la magia es parte de la ley de la atracción.

—**Ari Global:** "Clifford The Big Red Dog" es una película llena de magia, nos muestra que a pesar de que haya momentos donde es difícil conseguirla, la magia a veces nos encuentra. ¿Ustedes creen en la magia?

—**Darby Camp:** Yo definitivamente creo en la magia, creo que la magia está en todos lados si sabes buscarla. Creo que la magia es una parte muy importante de esta película y definitivamente de una gran parte de la vida, si crees en ella te puede dar una perspectiva mucho más positiva de la vida.

—**Jake Whitehall:** Yo también creo en la magia, es muy difícil no creer en la magia estudiando en Hogwarts, te molestaban mucho si no lo hacías, especialmente los chicos de Slytherin, ellos podían ser muy malvados.

♦ CAMILA

Es una de las bandas mexicanas de pop/rock más exitosas del momento. Sus canciones son románticas de esas que llegan al alma. Tuve la oportunidad de entrevistarlos tres veces, y en la última entrevista nos contaron sobre la importancia de mirar hacia adentro. Ellos han alcanzado más de 10 veces los top charts en México e internacionalmente. Han ganado varios Latin Grammy y Billboards. Mario, uno de sus integrantes nos cuenta que para poder atraer algo a nuestras vidas es importante primero mirarse por dentro.

—**Ari Global:** ¿Qué consejo puedes dar a los fans de mirar un poco más hacia adentro y no hacia afuera?

—**Mario:** En mi caso me ha tocado que las respuestas que busco no están en donde las he buscado normalmente, así que me ha tocado sumergirme un poco más y buscar en otros lugares. Hay canciones en este disco que nos parece que pueden hacer que el público de repente tomé un sentido y un lugar hacia donde encontrar sus respuestas y en mi caso fue hacia adentro.

♦ THE RUDE BOYS

Son los productores detrás de los más grandes éxitos musicales. Ellos han trabajado con artistas como Shakira, Maluma, Prince Royce, The Weekend, Jennifer López y Sech. Llevan más de 10 años trabajando con y logrando hits mundiales. Empezaron con pocas posibilidades y poco a poco fueron atrayendo lo que iban visualizando.

—**Ari Global:** Acaban de trabajar en el remix con The Weekend. ¿Cómo se dio esa oportunidad?

—**Kevin ADG:** Es una historia muy particular porque la canción ya tenía un éxito sólo con Maluma y alguna vez estuvimos tomándonos un café Juan, Chan y yo, y Juan (Maluma) dijo "no quiero hacer remix de esta canción" ya que la canción estaba tan viral que sentíamos que no hacía falta . Y un día Juan (Maluma) nos llama un mes y medio y nos dice "quiero hacer el remix pero con alguien bien, con alguien que nos guste, pongamos nombres en la mesa," pusimos tres nombres de artistas y entre esos estaba *The Weekend,* y él lo puso en la mente y lo materializó y en cuatro o cinco días tenías las voces de *The Weekend.* Nos emocionamos mucho porque evidentemente era una noticia muy gratificante porque *The Weekend* sabemos que es un artista global, que es pop, pero también es un artista del gusto de nosotros, seguimos su discografía desde hace 8 o 10 años cuando no era el artista que es ahora, entonces creo que es gratificante cuando trabajas con alguien que te ha influenciado.

♦ OVY ON THE DRUMS

Ha colaborado con Karol G. la artista más oída en Spotify. Uno de sus más grandes logros fue producir la canción "Tusa" de Niki Minaj y Karol G, que cuenta con más de mil millones de views en Youtube. Ha trabajado con otros artistas como Bad Bunny, Piso 21, TINI, Tekashi, Anuel y Becky G. Dice que uno de los factores más importantes de la ley de la atracción es pensar en grande.

—**Ari Global:** Detrás de cada éxito hay muchos sacrificios, retos, dificultades, ¿cuáles son los factores que ayudaron a

Ovy On The Drums para lograr los éxitos de las canciones
?.

—Ovy On the Drums: Yo siempre tengo algo muy claro
y es nunca dejar de pensar en grande y siempre ejecutar
todo lo que piensas, todo lo que sueñas. Yo todos los días
tengo que hacer un ritmo, tengo que escribir una canción,
o tengo que aprender algo, tengo que hacer algo diario por
la música, por eso que tanto amo, para siempre seguir creciendo, sino siento que se estancaría uno.

♦ BEATRIZ ROCHE

Tuve la oportunidad de hacer un live con una de las personas más especiales de mi vida "mi mamá". Ella escribió un hermoso libro llamado *"My Youniverse according to Dharma"*. Un
libro con un contenido muy espiritual que todos deberíamos
tener y que puede cambiar nuestras vidas.

—Ari Global: Hablando de uno de mis temas favoritos:
la "ley de la atracción", ¿cómo describirías el proceso de la
ley de atracción?

—Beatriz Roche: Primero que todo, uno siempre anda
creando sin parar. Todo es un espejo de lo que estás sin-
tiendo. Si sentimos que somos valiosos atraeremos cosas
valiosas. Por eso es importante trabajar mucho en el amor
propio porque todo viene de adentro. Es importante confiar y desapegarse a la hora de atraer. Tienes que tener mucha fe en tus deseos.

TENER CLARIDAD Y TOMAR DECISIONES

¿Has notado que cuando tus prioridades y objetivos están claros, tomar decisiones se vuelve mucho más sencillo? Para lograr resultados extraordinarios, debemos tener muy bien definidas nuestras ideas, prioridades y objetivos. De esta manera podemos avanzar más rápido y planificar con mucha más seguridad y firmeza lo que haremos para conseguirlos. Si no tenemos claro nuestro objetivo, ¿cómo pretendemos alcanzar una meta o cambiar nuestras vidas?

Cuando no estamos claros de lo que queremos lo único que conseguimos es estar en el limbo, en un camino lleno de dudas, desorientados. Esto aplica en todos los aspectos de la vida, tanto si quieres tener una relación de pareja, mejorar tu condición física o conseguir un mejor trabajo. Al no establecer objetivos claros y concretos, cualquier relación, idea de negocio o plan de vida puede quedarse tan solo en un pensamiento o idea. Como mucho, harás las cosas a la mitad porque no hay un rumbo definido con estrategias concretas, y cuando haces las cosas a medias lo único que conseguirás serán resultados mediocres.

Al tener claridad nos permitimos enfocar el tiempo y la energía en lo que es verdaderamente necesario para conseguir lo que queremos. Decir y saber lo que uno no quiere es igual de importante como saber elegir lo que sí se quiere. Cuando sabemos lo que no queremos ya descartamos ese camino. Es necesario que te organices y hagas un plan para conseguir tus metas (a corto, mediano y largo plazo), y trabajes todos los días en ello. La claridad nos vuelve más productivos, eficientes, y esto hace que las cosas sucedan en lugar de esperarlas. El éxito empieza con la claridad de tu propósito.

Decide exactamente lo que quieres y ve por ello, porque si hay muchas personas que lo han logrado aún encontrando muchas desventajas en su camino, ¿por qué tu caso va ser diferente? Los grandes líderes siempre han tenido una idea visual de sus metas. Todos se han arriesgado, sin importar qué tan grande o pequeño es su sueño y qué tan loca pareciera su idea. Todo empieza con una visualización de nuestro objetivo, si puedes visualizarlo, estarás mucho más cerca de poder realizarlo al tomar decisiones en el camino.

Tomar decisiones concretas es uno de los hábitos esenciales para crear una vida plena y de máxima prosperidad. Lo que decidamos siempre va a afectarnos, para bien o para mal, y debemos asumir las consecuencias. Somos el resultado de todas esas pequeñas o grandes decisiones que tomamos a diario. No siempre vamos a optar por la mejor opción, claro está. Tendrás momentos en los que te vas a equivocar, que fracasarás, pero es todo parte del proceso. Esos tragos amargos te harán más fuerte y capaz de reconocer qué te sirve para transitar tu camino al éxito y qué no.

Solo hay una cosa peor que tomar todas las malas decisiones posibles: no tomar nunca una. El no tomar una decisión te podría hacer perder grandes oportunidades. A veces, tomar una decisión se vuelve una tarea difícil porque sentimos miedo a lo desconocido, a los cambios que eso podría provocar, la incertidumbre de no saber qué pasará, las inseguridades, la desconfianza, los sacrificios que conlleva tomar esa decisión. Empezamos a ver nuestro objetivo como inalcanzable y lejano. Cuando eso te pase, recuerda que hay más arrepentimiento por las cosas que no hacemos, que por las cosas que sí hacemos.

Todos los días debemos luchar por lo que consideremos correcto para nuestra vida, teniendo confianza en nosotros mismos, siguiendo nuestra voz interior e identificando nuestras prioridades, ya que las decisiones que tomamos hoy serán el resultado de nuestro futuro. Arriésgate a tomar esa decisión para tratar de conseguir lo que tanto quieres.

Así que si quieres transformar tu vida al 100 x100 tienes que tomar decisiones firmes en base a tus objetivos y deseos.

. . . .

ENTREVISTAS A LAS CELEBRIDADES EN "ARI GLOBAL SHOW" SOBRE LA IMPORTANCIA DE LA CLARIDAD LOS OBJETIVOS Y LAS METAS:

. . . .

♦ SHAQUILLE O'NEAL:

No solamente es uno de los jugadores más importantes de la historia de la NBA, sino que también ha sido capaz de reinventarse en varios sectores. Él ha llegado a estar en los top charts de la música, es DJ, estrella de cine, empresario, tiene un doctorado en educación. Él mismo nos aclara que lo más importante es tener fuerza mental para lograr todo lo que deseamos y que nunca es tarde para seguir nuestros objetivos.

—**Ari Global :** ¿Crees que la edad es importante para lograr tus metas?

—**Shaquille O'Neal:** No, y si tienes la oportunidad de volver a hacer algo que no hiciste, sea algún logro o cualquier otra cosa, puedes volver a intentarlo. En el mañana no hay certezas, y nunca quieres mirar atrás y decir "yo quise, yo quise, yo quise…" Por eso trato de lograr lo que deseo. Me pongo en acción el mismo día.

—**Ari Global:** ¿Qué tan importante es la fortaleza mental en comparación con la fuerza física en los deportes?

—**Shaquille O'Neal:** La fuerza mental es todo lo que necesitas para pasar al siguiente nivel, porque cuando participas en cualquier deporte competitivo lo primero que va a hacer tu rival es atacar tu mente, recuerda que la mente lo controla todo. Si yo decido mover mi mano izquierda el poder está aquí arriba, así que si puedes atacar eso primero y lo conquistas, puedes derrotar a tu oponente.

♦ Akin Akinözü:

La entrevista con el actor turco Akin fue un éxito total, ya que fue la primera entrevista de él vía Instagram Live. Se llegaron a conectar más de 100 mil personas y fue viral en muchos países del mundo. Él se ha vuelto muy famoso por su participación en la serie turca "Hercai". Nos da un consejo para todas las personas que quieren llegar al éxito.

—**Ari Global :** Para todos los que te admiran, te quieren y desean lograr grandes objetivos en su vida ¿qué consejo podrías darle para que sigan sus sueños?

—**Akin Akinözü:** Les diría que hay un término de Bruce Lee que es "Guerrero Exitoso", esto es un hombre promedio, pero con el foco de una visión de rayos X. Siempre me he considerado eso: un hombre promedio, pero con el foco de una visión de rayos X. Ese sería mi consejo, que sean ellos mismos con una visión de rayos X para alcanzar cualquier objetivo.

♦ GREIVIS VÁSQUEZ

El tercer venezolano que ha llegado a la NBA tiene una admirable e inspiradora historia sobre su vida. Greivis es el ejemplo perfecto de cómo debemos enfrentar todos nuestros obstáculos en la vida con éxito. Lamentablemente greivis se lesionó la pierna dejándolo sin poder hacer lo que más ama: un gran profesional del basketball. Para muchos esto podría ser el final de una carrera y sin embargo él se ha reinventado con éxito superando cada barrera que se le ha presentado en su camino.

Este gran apasionado del basketball al lesionarse la pierna decidió apostarle a otros negocios enfocados en la moda y en la música descubriendo nuevos talentos que él mismo desconocía que tenía. Historias como estas nos demuestran que podemos superar cada obstáculo con éxito siempre y cuando estemos enfocados.

—**Ari Global:** ¿Un mensaje que le quieras dar a todos los jóvenes que quieren llegar a ser una persona exitosa como tú?

—**Greivis Vásquez :** El éxito consume, pero si quieres tener éxito tienes que hacer las cosas bien cuando nadie te ve.

—**Ari Global:** ¿Y cuando las cosas van mal?

—**Greivis Vásquez:** Es cuando más tienes que enfrentarte al problema, yo pienso que yo no he dejado que mi lesión sea más grande que mis ganas de seguir luchando, que mis ganas de seguir mejorando como persona, como ser humano y como profesional, así que no dejes que el problema sea más grande que tú, se tú más grande que el problema. Yo pienso que la vida es cuestión de actitud, es 80% mental y 20% físico, tu mente domina y dirige a dónde tú quieres ir.

♦ RAFA PABÓN

Es un cantante puertorriqueño de música urbana que formó parte del éxito *"Pa' mi"*. Colaboró con intérpretes urbanos de la talla de Sech, Cazzu, Feid, Khea y Lenny Tavárez, con quienes logró alcanzar más de 100 millones de reproducciones en YouTube. También participó en la canción "Ta To Gucci", que se hizo viral. Ha trabajado con artistas como Rauw Alejandro, Jowel y Randy, Alex Rose, Justin Quiles, Brytiago , Elvis Crespo, Jhay Cortez y Noriel. Podemos ver que una de las claves de su éxito es estar claro en lo que deseaba hacer.

—**Ari Global:** Pareciera que desde muy temprana edad has sabido que la música es tu camino, desde muy pequeño empezaste a estudiar música. Cuéntanos un poco cómo han sido tus estudios, cómo te has ido preparando y cómo te continúas preparando hoy en día para ser mejor.

—**Rafa Pabön:** Desde los 7 u 8 años estudié música, toda mi vida he practicado con instrumentos, la trompeta, la percusión latina y creo que la disciplina del músico fue la que adquirí, la que aprendí de mi faceta como músico cuando tocaba los instrumentos, esa misma disciplina la pude meter en mi trabajo y eso es lo que me ha llevado a donde estoy. Creo que trabajar continuamente sin parar, tener bien claro hacia adonde quiero ir y cómo quiero llegar me ha ayudado mucho.

TRANSFORMA TU VIDA AL 100 X 100

♦ SanLuis

Dos hermanos cantantes, compositores, productores que juntos conforman uno de los dúos musicales más exitosos de la música venezolana. Iniciaron su carrera artística en el famosísimo grupo Voz Veis, la primera agrupación venezolana en ganar el Grammy Latino, y con el que alcanzaron la fama en Latinoamérica. Ha trabajado con nombres más importantes de la música tales como Marc Anthony, Luis Fonsi, Silvestre Dangond, Franco De Vita y Ricardo Montaner. "Si yo estoy loco" junto al cantautor colombiano Fonseca. Ellos son Luis Fernando "Luigi" y Santiago Castillo del dúo SanLuis.

—**Ari Global:** Tengo entendido que el dúo SanLuis nace tal cual en el 2010 luego de haberse separado de Voz Veis y con el primer disco que sacaron "SanLuis" ganaron un disco de oro y platino en Venezuela, que tiene temas increíbles como "Dónde andabas tú", "Otro día de luto", "Mi corazón" ¿Cómo fue el proceso para ustedes arriesgarse y tomar su propio camino, crear su propio nombre? ¿Cuáles fueron los mayores retos al iniciar un nuevo camino con el nombre SanLuis?

—**Santiago Castillo**: El principio siempre está lleno de expectativas, luego de tener una carrera de más de 10 años con una banda que era súper conocida, en la que todo funcionaba, todo lo que sacamos a la calle dentro de la música funcionaba, en ese momento era básicamente comenzar de cero, llenos de vértigo y de expectativas de qué es lo que puede pasar con una propuesta totalmente diferente. Estábamos seguros de que estábamos haciendo lo que queríamos hacer, lo que nos gustaba hacer, pero no sabíamos cómo iba a reaccionar la gente. Como dijiste, el primer álbum en menos de un mes ya era disco de oro y en dos meses ya era disco de platino y ya en el desarrollo del álbum logramos ir a Colombia, a Perú de gira y ya sentíamos que SanLuis tenía una carrera construyéndose en la que íbamos a apostarlo.

♦ REYKON EL LÍDER

Reykon se ha convertido en unos de los artistas en tendencia. Ha colaborado con artistas como Daddy Yankee, Karol G, Maluma, nos dice que uno de los sentidos de su carrera es mostrarle a esas personas que están viviendo una situación difícil, que siempre podemos tomar una decisión y un camino diferente. Él no tenía casi posibilidades económicas porque nació en un barrio muy conflictivo donde había pocas oportunidades .

—**Ari Global:** Vamos hacia tu infancia, hacia tu juventud, creciste y viviste en un barrio, me imagino que viviste experiencias que no fueron tan fáciles ¿Nos podrías contar algunas de esas experiencias y qué te motivó a salir adelante?

—**Reykon:** Yo creo que más que contarte una sola experiencia allí se formó todo un hombre ¿me entiendes? que la circunstancias que no se pintan tan fáciles en la vida obviamente van poniéndote más fuerte todos los días, y digamos que eso tiene mucho que ver con el sentido de mi carrera, el sentido de mi carrera es mostrarle a todos los pelados de los barrios que hay caminos diferentes a escoger el incorrecto, ellos saben de qué les estoy hablando porque cuando se vive ahí, uno sabe cómo es esa situación.

Pero yo quiero mostrarle a todos esos pelados que yo vengo de allá y que si se puede, si yo pude cualquier otro puede, todos tenemos las mismas manos, los mismos pies, pensamos, todos estamos pa' eso, entonces obviamente dentro de tus cosas trata de guerrear a ver hasta dónde puedes llegar.

♦ PADRE LINERO

Ha sido el sacerdote con más impacto en los medios colombianos. Llegó a escribir un libro sobre el poder de las decisiones y nos compartió un gran consejo sobre ellas. Es un periodista, escritor y conferencista internacional. Perteneció a la comunidad de los padres Eudistas durante 25 años.

—**Ari Global:** Cada decisión que tomamos en nuestras vidas nos puede cambiar nuestro rumbo, nuestro destino, y somos realmente el resultado de nuestras decisiones. Llegaste a escribir un libro sobre el poder de las decisiones. ¿De qué manera las decisiones nos definen como personas?

—**Padre Linero:** Yo creo que a nosotros nos debieran dar una clase en el jardín, en la primaria, en el bachillerato y aún en el doctorado sobre cómo tomar decisiones, porque qué es la vida, la vida no es otra cosa que la suma de las decisiones y sus resultados. Si tú hoy miras para atrás todo lo que has vivido ¿Todo lo que has vivido qué es? Tus decisiones, sus consecuencias, sus concreciones, por eso es muy importante saber tomar decisiones.

Una buena decisión tiene por lo menos cuatro características: La primera tiene uno que tener un abanico de posibilidades, uno no puede caer en la trampa de elegir una sola opción, NO, siempre tienen que haber buenas opciones, siempre tiene que haber una, dos, tres o cuatro, porque elegir es eso, decidir es elegir, escoger está mejor opción; segundo, siempre hay que pensar en las consecuencias.Entonces yo creo que es fundamental decidir, cuando uno decide que la vida puede ser nueva, un SÍ o un NO puede hacer que tu universo sea distinto.

♦ DANI MARTÍN

Es un artista español que muchos conocen por haber formado parte del grupo "El canto del Loco" . Las canciones "Puede ser", "Ya nada volverá a ser como antes", entre otras fueron muy sonadas. Cuando lo entrevisté cumplía más de 18 años de carrera y para celebrarlo hizo una gira. Nos cuenta que el camino está lleno de decisiones que forman resultar en éxitos o fracasos.

—**Ari Global:** Cuéntanos de esta gira "Grandes éxitos y pequeños desastres" ¿Cuáles consideras que son tus "grandes éxitos y tus pequeños o grandes desastres"?

—**Dani Martín:** El camino se hace equivocándose y también acertando, y creo que mi recorrido está hecho de aciertos y de errores. Es tan maravilloso aprender de todo eso que es un aprendizaje, donde las luces han ganado a las sombras y puedo decir que mi vida está más iluminada que ensombrecida por cosas feas.

EL PAPEL DE LA FE, LAS CONVICCIONES Y EL DESAPEGO.

Nutre tu fe todos los días, por muy imposible que parezcan las cosas podremos lograrlas si creemos en nuestro poder interior. La fe consiste en tener total confianza y seguridad en nuestros propósitos, en nuestros objetivos, ver nuestros sueños con la luz que irradia nuestra alma, y confiar en que somos capaces de lograr lo que nos proponemos. La fe se trata de creer aun cuando no sabes qué sucederá ni cuándo.

Lo que está destinado a ser tuyo, llegará. Todo llega en un momento divino. La vida es hermosa y en momentos inciertos es cuando más debemos fortalecer nuestra fe. Hay muchas cosas en la vida en las que hay que creer antes de poder verlas. Así que nutre tu fe. La fe no se ve pero se siente, es fuerza cuando sentimos que la tenemos, es esperanza cuando todo parece perdido. La fe crea milagros, trae verdadera paz y confianza. Hace que las cosas sean posibles, es la certeza de lo que se espera y la convicción de lo que no se ve.

A las personas a veces se nos hace difícil tener certeza sobre nuestros sueños cuando no los tenemos materializados o cuando estamos en una situación donde se nos presentan muchos obstáculos, por lo que nos cuesta proponernos algo o avanzar si no estamos seguros de poder lograrlo. Es natural dudar ante la incertidumbre y las múltiples opciones que se nos presentan o cuando tenemos el camino cerrado. Pero con la fe puedes seguir adelante.

Todas las personas que han alcanzado grandes logros han tenido confianza, seguridad, fe y una convicción firme sobre lo que desean que ocurra aun cuando no lo han visto. Las personas que tienen esa certeza, esa convicción no se preguntan cómo sucederá porque saben y están seguros de que en algún momento las cosas se van a dar. Aunque haya dudas, que es normal, centras tu fe en las acciones, que te ayudarán cada día.

Muhammad Alí una vez comentó que es la repetición de afirmaciones lo que lleva a creer. Y cuando el creer se transforma en una convicción profunda, las cosas comienzan a suceder. Tener convicción, certeza, seguridad y confianza en nosotros mismos es importante para conseguir todo lo que queremos en nuestras vidas. Una persona convencida de lo que quiere, con fe en sí misma y en el universo es capaz de convencer a todos que su producto, imagen o servicio es el mejor sin importar el precio, la circunstancia o la competencia. La convicción determina en cierta medida la dirección de nuestras acciones

La fe es fundamental para aprender a dejar ir y practicar el desapego. Es decir, desprenderse de los resultados y confiar en que has hecho tu mayor esfuerzo, has dado todo de ti. Tarde o temprano obtendrás aquello por lo que has trabajado tanto. Cuando dejamos de intentar controlar cada resultado y entregamos nuestros deseos y metas al cuidado del universo, es cuando más satisfacciones podemos recibir. Cuando tu energía está alineada con la energía del universo empiezas a recibir buenos resultados y hasta milagros.

La confianza, la fe y desapegarse implica entregarse a ese futuro que nos brindará prosperidad. Nos ayudará a tomar acciones para luchar y alcanzar nuestros sueños. La fe es la clave para alcanzar nuestros más grandes sueños. Todo llega en tiempo divino.

Solamente compara y piensa en esas personas que han logrado un puesto de trabajo con total seguridad versus una persona que baja la cabeza, insegura y que no sabe muy bien lo que quiere. ¿Quién crees que de esas dos personas obtendrá el trabajo? No importa si la persona que es insegura tiene un mejor currículum o estudios, al final se lo llevara la persona más segura y convencida .

Por lo que es fundamental trabajar en tener una seguridad plena, certeza, convicción de que así será, de que somos capaces de lograr y conseguir todo lo que nos propongamos porque somos merecedores y tú lo vales, eres merecedor de todas las cosas buenas que tu destino te tiene preparado.

Así que trabaja y fortalece tu convicción para lograr metas en tu vida y tener una vida llena de éxitos. Las convicciones nos empujan a apostarle a nuestros sueños y deseos, ya que cuando tenemos esa seguridad sabemos dentro de nosotros que lo podemos conseguir y que lo vamos a lograr sin importar la situación.

Esta confianza es la que nos da seguridad y esperanza firme para seguir avanzando y creciendo. Habla en positivo y demuéstrale al mundo que sí puedes, los demás se contagiaran de tus deseos positivos y de tu actitud asertiva. La confianza nos ayuda afrontar cualquier reto u obstáculo que se nos presente en nuestra vida, lo que se aplica a cualquier aspecto de nuestra vida profesional o personal .

Cuando estás convencido con certeza y total confianza de que eres capaz de todo, no hay nada ni nadie que te pueda detener en ese camino, solo el tiempo te separará de tu meta. Una persona que no tiene la certeza, duda o es insegura, convertirá las oportunidades en obstáculos, los problemas lo abatirán junto a pensamientos limitantes y encontrará mil razones por las cuales no podrá lograrlo.

La falta de confianza hace que nos paralicemos. Para ello es muy importante dejar los miedos, inseguridades, las dudas, pensamientos limitantes, preocupaciones, miedo al fracaso y hasta la lógica. Suelta todo aquello que no te deja avanzar, y te convertirás en una persona segura, verás como el cielo es tu límite.

La falta de confianza es un terrible compañero de viaje que hace que te paralices. Provoca que ni siquiera intentes luchar por aquello que deseas, y termina por dejarte en una minúscula zona de confort. Muchas personas esperan estar preparados y tener todo en el momento perfecto para sentirse confiados. Pero al final funciona completamente al contrario, tienes que sentirte primero confiado y preparado para poder atraer todo lo que quieres en tu vida.

Así que actúa con fe, confianza, certeza, convicción y verás cómo el universo conspira a tu favor con certeza y seguridad al 100x100 para que llegue todo aquello por lo cual has luchado.

. . . .

ENTREVISTAS A LAS CELEBRIDADES EN "ARI GLOBAL SHOW" SOBRE LA IMPORTANCIA DE LA FÉ, LAS CONVICCIONES Y EL DESAPEGO:

. . . .

♦ GERALD BUTLER

Es uno de los actores y productores escoceses de cine más reconocidos a nivel mundial. Ha participado en películas como *Drácula, James Bond, Mr. Brown, El Fantasma de la Ópera, Tomb Raider, Angel Has Fallen.* En la entrevista nos contó sobre esos momentos cuando nadie cree en ti. Nos dice que una de las cosas más importante es confiar, tener fe y creer en uno mismo.

—**Ari Global :** En una parte de la película nadie te cree, nadie confía en ti. ¿Has pasado por una situación así en la vida real? ¿Qué consejo le darías a las personas que viven una situación similar?

—**Gerald Butler:** Hubo un período en mi vida que estaba un poco loco, no tenía una dirección, estaba estudiando para ser abogado, pero no quería ser abogado, estaba probablemente divirtiéndome demasiado para ocultar otras cosas, y creo que en ese momento mis conocidos no confiaban en que no me iba a meter en problemas. Creo que, como le pasa al personaje de la película, tienes que mantener la cabeza baja, no perder la esperanza, confiar que siempre habrán días mejores, y también confiar en ti mismo a pesar de todo, porque van a haber momentos donde te vas a preguntar ¿Qué va a pasar? Y es difícil, no hay nada peor que desesperarse y perder la fé, pero tienes que aferrarte a los momentos bonitos y recordar que están a la vuelta de la esquina.

♦ SECH

Llegó a estar en los charts de Billboard *Top Latin Songs* por 14 semanas consecutivas, "Otro Trago" de Sech y ha llegado a la posición número 1 en el "Hot Latin Songs" chart de Billboard. La reconocida plataforma de *streaming* de música Pandora lo mencionó como Latin Artist on the rise . Él ha tenido varios conciertos *Sold Out* como en España , Ecuador, Panamá etc. Su tema debut 'Miss lonely' fue un éxito total ya que cuenta con más de 28 millones de views en Youtube.

La estrella también lanzó otro gran éxito "Solita" junto a Farruko y Zion & Lennox. Y cuenta con colaboraciones como con Maluma y Nicky Jam. Recientemente sacó su nuevo álbum "Sueños" y estará de gira con su tour "Sueños tour" . Sech nos habla sobre que significa el éxito y nos habla sobre la importancia de confiar, en este caso nos habla sobre una relación, pero esto lo podemos aplicar para todo, a veces nos cerramos y no confiamos por heridas del pasado.

—**Ari Global:** ¿Qué significa para ti el poder confiar?¿Por qué crees que a muchas personas les cuesta poder confiar?

—**Sech:** En este tema "Confiar" lo que quise decir a una chica "cuéntame lo que está pasando", "confía en mí", porque lo primero que uno no hace es confiar en una persona, y lo primero que deberías hacer es eso. Yo siento que hasta que no te demuestren lo contrario no puedes pensar "me va a hacer algo o no" La cuestión es que yo le hago una pregunta: ¿por qué estás triste?", y al final le digo "tu problema es que tú estás buscando a alguien igual que tu ex-novio".

—**Ari Global:** Que no podía confiar en esa persona.

—**Sech:** Ese es el problema, pero hay que confiar porque hay personas buenas en el camino.

◆ EVAN CRAFT

Es uno de los exponentes más relevantes de la música cristiana. Su primer álbum se convirtió en el número 1 más importante. Cuenta con más de 243 millones de streams, 594 millones de views en YouTube y millones de visitas en las demás plataformas digitales. Nos habla sobre la importancia de tener fé y esperanza.

—**Ari Global:** Has colaborado con Eva Luna, tu primer álbum de música cristiana se convirtió en el álbum más escuchado en Latinoamérica y ahora acabas de sacar tu último álbum llamado "Desesperado". Tengo entendido que son canciones en español y en inglés para ayudar tener esperanza y alivio. Cuéntanos un poco sobre el proceso de este álbum. ¿De qué manera estas canciones le pueden dar esperanza y alivio a todos los que escuchan tu música?

—**Evan Craft:** Yo espero que si alguien está escuchando el disco de "Desesperado" reciba consuelo, esa canción es para inspirar y para dar esperanza a los que están sufriendo. Uno para dar esperanza no debe terminar en un naufragio. Puedo decir que mi vida es un desastre ahora, pero hay una esperanza y un futuro para mí, yo sé como la canción "Be alright" que todo va a estar bien.

◆ OMY DE ORO

Es un exitoso rapero emergente puertorriqueño que según Forbes destaca entre los 5 artistas que vale y merece la pena mirar según Forbes. Uno de sus más grandes éxitos es "Subimos de Rango" junto a Bad Bunny.

—**Ari Global:** Uno de tus grandes éxitos es la canción "Sayonara", en la que dices que te sientes bendecido por estar en el lugar en que estás en este momento, y que si no te dan algo tú lo consigues: ¿Qué se necesita para conseguir lo que te propones?

—Omy: Ganas de querer llegar hasta donde tú quieras, después que tengas eso en la mente puedes conseguir todo lo que quieras. Por más que alguien trate de de darte una zancadilla o por más que alguien tenga tropiezos, las ganas es lo que siempre lo va a levantar a uno y eso es lo que yo transmito en esa canción, que digo gracias Dios mío, porque yo soy gran creyente de Dios y en otras canciones también mencionó a Dios.

♦ PANDORA

El trío musical femenino mexicano Pandora lleva 33 años de carrera artística conquistando miles de corazones. Estrenan nuevo álbum donde interpretan temas contemporáneos que han sido hits en los últimos años junto a Sin Bandera, Natalia Jimenez , Reik , Joss Favela, Jesse & Joy. Los temas son trece *covers* del año 2000 en adelante.

Nos revelaron qué consejo se darían a ellas mismas si pudieran retroceder el tiempo 33 años atrás. ¿Les confieso? tienen unas voces increíbles y también transmiten muy buena energía. Y nos compartieron que una de sus más grandes lecciones es aprender a disfrutar el momento presente, que es parte también de confiar en el proceso.

—Ari Global: Si pudieran regresar el tiempo: ¿Qué consejo se darían a ustedes mismas?

—Isabel Lascurain: ¡Disfruta! Yo fui muy exigente al principio, yo sabía que si tenía que prender una luz verde en el momento tal, y si no se prendía ya me arruinaba todo mi show, y ellas dos me enseñaron que "no pasa nada" si no se prende el foco verde no importa, nadie sabía que se tenía que prender el foco verde, y empecé a relajarme y a disfrutar, a no estar pendiente de todo lo que pasaba , sino de disfrutar lo que estaba ahí haciendo.

—**Fernanda Meade:** Sigan preparándose y disfruten, sean muy responsables y confíen.

♦ NICKY JAM

Si Nicky Jam pudo alcanzar el éxito viniendo del barrio donde creció y su historia es una de las más inspiradoras de cómo transformó su vida en todos los aspectos. Nicky Jam vivía en un ambiente familiar tóxico, terminó en la cárcel , vivía en un barrio donde él no tenía oportunidades, rodeado de delincuentes, consumía drogas, todos estos momentos difíciles que él vivió lo podemos ver en su serie de Netflix "El Ganador".

Hoy en día lo vemos llenando conciertos en todas partes del mundo. Por lo que podemos decir que él es uno de los grandes ejemplos de que de verdad si uno se propone transformar su vida y cambiar se pueden alcanzar grandes metas. El nos enseña que aunque en la vida te digan que "no" uno tiene que tener la certeza y la seguridad para salir adelante.

—**Ari Global:** Has conseguido muchísimos logros, como ahora que acabas de abrir una pastelería "La industria bakery" y muchos éxitos con tu música. Pero detrás del éxito hay muchísimos obstáculos y sacrificios, ¿Cuáles son esos obstáculos para ti?

—**Nicky Jam:** Para mí eso es motivación, es la gasolina de seguir trabajando. Un NO no existe, yo no creo en esa palabra y yo soy muy positivo y sigo trabajando. Llevo más de 25 años, toqué puertas y me dijeron que era un chiste mi música, y hoy en día estamos haciendo la música más grande del mundo. Y aparte de eso todo el mundo sabe de mi historia y de mi pasado, ven el pasado oscuro que yo tuve, de donde yo salí y mirá todo lo que he logrado, o sea que hay un Dios allá arriba y "NO" no es la palabra.

♦ J ÁLVAREZ

Es uno de los cantantes puertorriqueños de reggaetón más sonados. Ha tenido colaboraciones desde Daddy Yankee, Arcángel, Nicky Jam y Zion & Lennox. Nos menciona que lo importante es nunca rendirse y que una las principales claves es que mientras uno tenga fé y luche todos los días por lo que se quiere sin pensar en las limitaciones, poco a poco se te pueden ir atrayendo la abundancia y cosas positivas a tu vida.

Recuerdo que en la entrevista dijo que de donde él viene siempre hay muchos fracasos, que es fácil desmotivarse. Pero aclara que siempre hay una salida positiva a todos los problemas mientras estés claro y sigas luchando .

—**Ari Global:** En Instagram estás compartiendo unas publicaciones muy inspiradoras y motivadoras que representan estos mensajes, que me gustaría analizar un poco. El primero dice que la fórmula del éxito es 1% talento, 1% suerte y 98% nunca rendirse.

—**J Álvarez:** Claro, yo pienso que es así, porque si estás todos los días trabajando y metiendo mano, puliendo tu estilo, puliendo lo que te gusta hacer… Entonces yo digo que a veces muchos llegamos por el talento, así como de la nada, y a veces no sabes que ese puede ser tu estilo de vida por muchos años, y a veces puedes enseñarle a más personas a dominar ese don que Dios te da. No todo el mundo tiene el don para saber que tiene algo a la mano que Dios te dio, y no sabe aprovecharlo.

Yo pienso que el nunca rendirte y el buscar el "secreto", me entiendes, como el "secreto para ser feliz", el "secreto para el dinero", el secreto para ser un buen amigo, si te pasas buscando información creo que puedes llegar a lograr tus sueños, nunca es tarde.

COMPROMÉTETE AL 100X100

El compromiso más importante que vas a tener en la vida es el compromiso contigo mismo. Sea lo que sea que quieras alcanzar, en la vida se necesita estar comprometido día a día para poder lograr los objetivos.

Sin compromiso es imposible llegar a ningún lado. Si queremos adelgazar tenemos que comprometernos todos los días a comer saludable, si queremos un amor sano debemos comprometernos con esa persona y respetarla con lealtad, si queremos ser exitosos debemos comprometernos primero en trabajar todos los días para alcanzar nuestras metas, si tenemos una reunión importante debemos comprometernos en llegar a la hora.

Comprometernos con nosotros mismos es la única manera de alcanzar resultados. Siempre van a existir las distracciones, tentaciones, obstáculos, días de flojera pero está dentro de nosotros el justificar nuestras acciones. Es muy fácil dar excusas y actuar en el papel de víctima. Hay que tomar las riendas de nuestra vida y el control de nuestras acciones para comprometernos. Si nos comprometemos hoy, el futuro se cuidará solito.

Debemos jerarquizar nuestros compromisos en función a su prioridad con nosotros mismos, de manera que así nunca descuidemos nuestro bienestar, perdamos tiempo y dinero, evitando derroches innecesarios. Para alcanzar el éxito en todos los aspectos de nuestra vida es importante comprometernos con nuestros objetivos sin desatender nuestras necesidades personales.

Al estar comprometido das todo de ti, y cuando eso sucede, te das cuenta de todas los resultados positivos. Cuando dejamos las cosas a medias o estamos comprometidos un día y el otro no, jamás podrás brillar al 100x100, así que siempre pon todo tu empeño y verás cómo resaltas entre la multitud.

Mira siempre hacia adelante y olvídate de los pensamientos negativos y de las preocupaciones. A veces al no ver los resultados inmediatos nos desmotivamos y dejamos de comprometernos, por lo que siempre debes mantener una mente positiva y pensar que todo llegará a su tiempo mientras sigas comprometido contigo mismo y con tus propósitos. Uno nunca sabe si el último empujón es el que necesitabas para alcanzar esa gran meta así que comprométete al 100x100 con todo lo que deseas.

· ·

ENTREVISTAS A CELEBRIDADES EN "ARI GLOBAL SHOW" SOBRE LA IMPORTANCIA DE COMPROMETERSE.

· ·

◆ ELENA CARDONE

Tuve el honor de entrevistar a una de las mujeres más inspiradoras y exitosas de la industria del entretenimiento, una destacada mujer de negocios, creadora de imperios, productora de eventos, mentora, oradora pública y visionaria. Es autora del bestseller "Construye un imperio: cómo tenerlo todo" .También está casada con uno de los empresarios más exitosos en la industria del entretenimiento, Grant Cardone, y juntos han logrado una cartera de dos mil ochocientos millones de dólares.

Lo más espectacular de todos es que construyeron su éxito juntos cambiando su mentalidad. Son una prueba y un ejemplo perfecto de que uno sí puede transformar su vida. Elena tuvo un pasado oscuro donde había caído en drogas, alcohol y decidió tomar control de su vida y construir un imperio. Todo lo que han conseguido ha sido a base de mucho esfuerzo.

—**Ari Global:** Podemos decir que eres el ejemplo perfecto de que podemos tenerlo todo: una carrera exitosa, un compañero asombroso, una bella familia, construir un imperio y, además, contar con la admiración de una comunidad de seguidores tuyos. Has probado que cualquiera puede tener la vida de sus sueños, así que para ti Elena ¿Cuáles serían los principales factores que una persona puede hacer para tenerlo todo y construir un imperio como el tuyo?

—**Elena Cardone:** Yo diría que lo primero que tienes que hacer es comenzar con el compromiso, decidir que esto es lo que quieres hacer, y luego sostener tu compromiso de mantenerte siempre en el camino, definir tu propósito, cuál es la razón por la que quieres hacer esto y sostener tu compromiso. Lo siguiente sería rodearte de personas de mente positiva, que te hagan sentir responsables, que te guíen, que te alejen de tus debilidades y te dirijan hacia tus fortalezas. Y luego diría que hay sacrificio, tienes que estar dispuesta a ir a una fase de sacrificio. Hay posibilidades de que lo tengas todo, pero, ¿estás dispuesto a renunciar a algo? Porque si no estás dispuesto a renunciar a algo no puedes avanzar. Es necesario dejar de lado la comodidad y comprometerte.

♦ MYKE TOWERS

Myke se ha convertido en una de las promesas puertorriqueñas del género musical urbano. Ha trabajado con Bad Bunny, Becky G, Raul Alejandro, Anuel y Prince Royce. Y nos habla que en realidad no hay trucos más que uno: comprometerse a trabajar bien duro.

—**Ari Global:** Empezaste con muy pocas posibilidades. Mucha gente cuando no ve la oportunidad se cierra y se limita. ¿Cuál es la mejor actitud para superar esa mentalidad y tener una mentalidad de éxito?

—**Myke Towers:** Uno tiene que tener claro que lo que viene fácil, fácil se va. Uno no puede estar buscando atajos, uno tiene que dar pasos firmes, los frutos si los quieres ver en grande van a ser a largo plazo, así que mucha gente como dijiste si no ven frutos a corto plazo se dan por vencido. Yo no, yo hasta que no lo tenga no voy a parar.

—**Jay Wheeler**

—Ha llegado a ocupar la posición número 1 en Itunes por encima de Anuel y Bad Bunny. Uno de sus temas más exitosos es "La Curiosidad", que cuenta con más de 520 millones de views. Tuvo que hacer muchos trabajos y muchos años de sacrificio, la canción "Pa Mi Remix" llegó a posicionarse número uno en Spotify y en los Global 50 chart. Jay Wheeler es un ejemplo de que si uno se compromete con lo que uno quiere, uno puede alcanzar el éxito aunque pasen años para lograrlo.

—**Ari Global:** El éxito no llega de la noche a la mañana. Los fans ven solo el resultado, pero detrás del éxito hay mucho esfuerzo, trabajo y sacrificio.

—**Jay Wheeler:** La gente me conoce ahora porque en dos o tres años mi carrera trascendió, pero yo llevo siete años tratando. Fueron muchas lágrimas, muchos momentos difíciles, muchos momentos donde dije "no voy a llegar a ninguna parte", fueron muchos momentos de desespero, de impaciencia, pero hay que hacerlo, hay que trabajarlo y estoy como si hubiera empezado desde cero, porque la gente piensa "ok Jay, ya llegaste…", yo no he llegado, yo estoy por 5% del 100% .

♦ GILBERTO SANTA ROSA

"El caballero de la Salsa", quien lleva más de 40 años cultivando grandes éxitos y poniéndonos a todos a bailar. Canciones como "Que alguien me diga", "Qué manera de quererte", "Conteo regresivo", cuentan con millones de views. Nos contó cuales son las claves para mantener una carrera duradera y sólida .

—**Ari Global:** ¿Cuáles serían las claves básicas para tener una carrera tan duradera y tan sólida?

—**Gilberto Santa Rosa:** Mira, nadie sabe. Hay un elemento que es el favor del público que no depende de ti, pero sí hay elementos que no van a fallar: la disciplina no te va a fallar, el trabajo constante no te va a fallar, una dosis de creatividad porque es muy difícil mantenerse, reinventarse de una manera que sea orgánica porque es muy fácil decir: "¿Bueno, qué es lo que está de moda?", me voy y busco un buen productor, lo hago y sigo… NO "¿Cómo puedo renovar a Gilberto Santa Rosa sin cambiarlo? Me digo a mí mismo, ese es el mayor reto."

♦ FLORA MARTÍNEZ

Es una actriz y cantante colombiana-canadiense reconocida por su interpretación en exitosas películas como "Rosario Tijeras" y sus papeles en telenovelas colombianas como 'Vecinos' o 'La Bruja'. A la vez llegó a representar a una de las mujeres más importantes en la historia, Frida Kahlo. Aparte de ser actriz también es una cantante que ha lanzado numerosas canciones con un tono de voz único. A lo largo de su carrera ha demostrado un gran potencial y gran capacidad para lograr lo que desea. No solamente en su carrera sino como madre y esposa, son tres cosas que requieren mucha dedicación. Nos cuenta que lo más importante es dar todo por el todo siempre.

—**Ari Global:** En este día tan especial como es el *Día de la mujer* eres un gran ejemplo de mujer muy inspiradora, no solamente a nivel profesional, ya que has conseguido muchísimos éxitos como artista, y además, ser madre y esposa que requiere mucha dedicación ¿cómo haces para encontrar ese balance entre la carrera, ser esposa y ser madre?.

—**Flora Martínez:** Desde que conocí a mi esposo y fui madre, porque desde que lo conocí ya era madre porque él tenía dos hijos y ellos fueron los que me enseñaron el arte de ser mamá, que es todo un arte y agradezco enormemente que ellos fueran los primeros en enseñarme, y ahora con mi Sofi que tiene 10 años, sigo haciendo el curso: porque eso realmente nunca se aprende. Mii papá dice que los niños no vienen con manual de instrucciones y no hay nada más cierto que eso.

Para mí desde que ellos entraron a mi vida, para mí son los primeros, digamos, mi prioridad es ser madre y ser esposa, y antes de ser madre me costaba pensar que yo podría ser madre porque era demasiado entregada a mi profesión. Ahora he podido equilibrar las dos cosas porque soy muy apasionada, muy disciplinada, muy intensa, no dejo las cosas, voy hasta el fondo tanto en los personajes, por ejemplo con Frida me fui hasta el fondo a conocer a Frida hasta la médula, y Rosario Tijeras igual y con cada cosa que hago incluso ahorita con la música, siempre es dándolo todo... el dar todo, el 100.

AMOR PROPIO: APRENDER A DECIR "NO" Y PONER LÍMITES

Es simple de entender: si no te valoras a ti mismo nadie te va a valorar, si no nos queremos, nadie nos va a querer. Para que otros te amen, te respeten y te quieran primero tienes que valorarte a ti mismo. Si quieres cambiar, primero tienes que cambiar tu realidad interior.

Nuestra mente puede ser nuestra nuestra mejor amiga o nuestra peor enemiga. Cuando nuestra autoestima decae, vibramos energéticamente bajo, por lo que vamos a atraer situaciones que nos harán sentir mal. En cambio cuando te sientes bien contigo mismo, cuando te sientes seguro, cuando te sientes merecedor, empiezas a atraer cosas mágicas e increíblemente hermosas a tu vida.

Una vez que comenzamos a aceptar nuestro verdadero valor y trabajamos en ello, nos daremos cuenta de que somos merecedores de todas las bendiciones, bondades de la vida y así tendremos un magnetismo diferente, atrayendo así lo mejor para nuestra vida.

No dependas de los demás para sacar tu fuerza, para sentirte feliz, para valorarte, en cambio siempre debes reconectar con tu propio potencial, ya que solo tú tienes la capacidad de cambiar y transformar cualquier realidad. Las respuestas siempre las tendrás dentro de ti. Visualiza cómo quieres sentirte, visualiza qué tipo de realidad quisieras en tu vida, y en torno a eso que tanto deseas comienza a actuar como si ya fuese un hecho, tú vales todo aquello de lo que te creas merecedor.

Hay varias cosas que podemos hacer para empezar a sentirnos bien. Háblate de manera positiva, disfruta de comidas que te hagan sentir bien, usa ropa que te guste, lee un libro, escucha música: haz actividades que te emocionen; consiéntete. Felicítate por todo lo que has logrado, hay veces que tratamos mejor a otras personas y nos olvidamos de nosotros. Para poder dar y tratar bien a los demás primero tenemos que estar muy bien con nosotros mismos. No puedes esperar que otras personas hagan por ti lo que tú no haces por ti mismo, conviértete en esa persona que quieres ser y quieres atraer.

Otra cosa fundamental que pasamos por alto, cuando digas que sí a los demás, asegúrate que aceptas porque es algo que quieres hacer y que sea parte de tus valores. El saber decir "no" es igual de importante que decir sí. El rechazar cosas que no quieres nos permite desligarnos de situaciones incómodas y nos ayuda a mantener el control en nuestras decisiones. Es fundamental aprender a decir "no" y poner límites, o de lo contrario perderemos el control de nuestras vidas.

El gran problema surge cuando no nos atrevemos a poner esos límites. Esto suele suceder por varias razones, como por ejemplo, cuando pensamos que no nos van a querer o aceptar, nos preocupamos por el "qué dirán", nos asusta el rechazo y los conflictos que nuestra negativa pueda ocasionar. Vivimos en una sociedad donde muchos buscan aprobación, en la que siempre se quiere dar una buena impresión para agradar a los demás, sentirse bien y queridos. Es así como llegamos al punto de cometer el error de olvidarnos de nosotros mismos, descuidamos nuestra esencia por crear una personalidad que solo busca agradar a otros, cuando lo importante es agradarnos a nosotros primero.

¿Cuántas veces dijiste "si" cuando querías decir "no"?, ¿cuántas veces te has visto en situaciones en las que debiste haber puesto límites?

Este es uno de los más grandes errores que cometemos en nuestra vida: es imposible que podamos gustar y ser aprobados por todos. Y segundo, cuando le dices sí a algo que de verdad no quieres hacer te perjudicas a nivel energético, te causa un sentimiento de rabia, de malestar, ya que estás perdiendo tiempo que podrías utilizar para otras cosas más productivas. Todas las cosas que hacemos sin ganas nos van a generar resultados completamente negativos y nuestra autoestima se verá profundamente afectada.

En tu camino al crecimiento personal, a medida que vayas avanzando, ya sea en el aspecto económico, profesional y espiritual, nos encontraremos con personas que nos van a exigir mucho más, que piensan que porque llevas contigo cierta experiencia del camino tienes la obligación de cumplir con sus expectativas y de asistirlos en lo que sea que necesiten, porque si no lo haces te ven como una persona egoísta. Muchos creerán que te pueden chantajear y manipular, y es ahí cuando debes ser más firme, cuando debe ser más fuerte tu autoestima para decir, de una forma respetuosa, que no.

A medida que crezcas profesionalmente vas a tener más peticiones y compromisos, no se puede aceptar y estar siempre disponible a todo lo que otros desean o esperan de ti. Al no aceptar las cosas que no quieres, tendrás más tiempo para las cosas que de verdad quieres hacer, te conviertes en el dueño de tus propias decisiones y de tu destino. Estarás distribuyendo tu energía y tu tiempo en aquello que realmente te hace mucho bien, que consolida tu camino. De esta manera construyes así, poco a poco, una personalidad sólida y estable. Es fundamental que retomes el rumbo y las riendas de tu vida. Sabiendo poner límites y decir que "no" siempre y cuando sea necesario.

El amor propio es algo que debemos de trabajar todos los días, valórate al 100x100, ámate al 100x100, aprende a decir que no y poner límites ya que de esta manera estarás vibrando de una manera positiva y tu realidad empezará a cambiar atrayendo cosas increíbles a tu vida.

· ·

ENTREVISTAS A CELEBRIDADES EN "ARI GLOBAL SHOW" SOBRE LA IMPORTANCIA DEL AMOR PROPIO, SABER DECIR QUE NO Y PONER LÍMITES.

· ·

♦ KANY GARCIA

Es una cantautora puertorriqueña quien ha sido cinco veces ganadora de los Grammys. Nos habla sobre lo importancia de creer en uno mismo y valorarse para poder conseguir esa determinación que nos ayudará a alcanzar grandes metas

—**Ari Global:** ¿Cuál sería la clave para seguir "remando" y superar todos los obstáculos?

—**Kany García:** Pues yo creo que creer en uno. Yo siempre digo que la mujer vino a echar hacia adelante, a encontrarse con que los derechos había que luchar para que nos los dieran y por eso pues de alguna manera siempre hay que encontrar dentro de nosotras, y también los hombres dentro de ellos, esa determinación que los hace moverse, si no como quien dice "de los cobardes no se ha escrito mucho"

♦ MICHAEL PEÑA

Es un actor de cine y televisión estadounidense. Ha participado en películas como Million Dollar Baby y World Trade Center (dirigida por Oliver Stone), al igual que en series de televisión como Narcos: México y The Shield. Nos revela que para que otros nos amen, nosotros primero nos tenemos que amar y que todos somos de alguna manera especiales.

—**Ari Global:** Varias veces dejamos que la vida pase porque tenemos miedo a tomar decisiones o a confiar en lo desconocido, o muchas veces no creemos que merecemos ese amor o esa oportunidad ¿Cuál sería el mejor consejo para evitar los arrepentimientos y tener el coraje de vivir la vida que soñamos?

—**Michael Peña:** He escuchado muchas veces que para que la gente pueda quererte, primero tienes que quererte a ti mismo. Yo tengo un grupo de amigos y todos son diferentes, algunos son celebridades y otros me ayudaron cuando empecé a actuar. Solo tienes que mirarte en el espejo y ver qué te hace especial. Todas las personas, sin importar como se vean tienen su propio mundo, no trates de ser alguien más porque ese puesto ya está ocupado. Yo le veo valor a las personas y me gustan los individuos que son ellos mismos.

◆ ADRIANA MARTÍN

Es una gran experta en salud y entrenadora de celebridades. Ella ha ayudado a cambiar y a transformar la vida de muchas personas ayudándoles a perder peso de una manera saludable y divertida. Haciendo que las personas logren sentirse bien por dentro y por fuera. A la vez nos enseña como cambiar los malos hábitos y convertirlos en buenos hábitos.

—**Ari Global:** "Ponte en Forma por dentro, por fuera y para el mundo" explícanos esta frase.

—**Adriana Martín:** Yo llevo muchos años haciendo esto, más de 20 años, y al principio comencé haciendo entrenamiento tradicional, fui profesora de clases, y me di cuenta que uno va pasando su proceso incluso personal, entonces al principio cuando me convertí en nutricionista le enviaba a la gente dietas muy estrictas y les decía "tienes que comer esto, tienes que comer aquello", y como yo vengo del mundo del fisiculturismo, de competencias, y yo amé tanto a mi deporte, después de haberlo vivido tan profundamente me di cuenta de que lucir por fuera, estar en forma es bonito, es chévere, te ves en el espejo y te sientes bien, pero cuando te sientes en forma por dentro, ahí consigues la verdadera felicidad.

◆ MALU TREVEJO

Ella se convirtió en una sensación en las redes sociales contando con más de 10 millones de seguidores en Instagram. Su fama empezó por sus videos de bailes que los publicaba en redes desde pequeña, y cada vez tenían más y más views. Llegó a sufrir mucho por bullying y nos invita a todos a amarnos a nosotros mismos y nos dice que no tenemos que ser perfectos para ser extraordinarios.

—**Ari Global:** Hay una frase que pusiste en uno de tus post que me encantó: "You don't have to be perfect to be amazing", "no tienes que ser perfecta para ser extraordinaria". ¿Por qué?

—**Malú Trevejo:** En primer lugar tienes que ser tú mismo, la gente tiene que quererte por quien eres realmente, y tú tienes que hacer lo que a ti te guste, porque la gente va a hablar de ti siempre. Además ser perfecto es aburrido.

♦ INGRID CONTRERAS

Es una talentosa cantante nominada a los premios juventud en la categoría "Mejor canción mariachi" y "Nueva Generación Regional Mexicana" y la vez Pandora la mencionó como mejor artistas en ascenso y llegó a trabajar junto a uno de sus artistas favoritos, Joss Favela.

—**Ari Global:** En la canción dices "te quiero, pero igual también me quiero yo, si no soy lo que buscas es mejor decir adiós". Hablas sobre el amor propio, de elegirte a ti primero ante una situación tóxica. ¿Qué tan importante es elegir a uno primero, y el amor propio para ti?

—**Ingrid Contreras:** Es lo más importante y lo más difícil, creo que lo más importante de esto es el amor propio porque en el momento en que te quieres tanto y te respetas tanto ya no permites nada de los demás, nada de estas situaciones, pero al mismo tiempo es difícil porque yo soy de la idea de que no es sólo un camino hacia el amor propio y aquí te quedas, ya te quedaste para siempre. No, el amor propio se construye todos los días tristemente, porque puedes empezar el lunes y decir "quiero ese amor propio para mí, quiero empezar a hablarme bonito". Entonces el lunes te ves en el espejo y puedes empezar una dinámica de decirte cosas bonitas y demás, y puedes llegar así hasta el viernes, pero luego el sábado te da un bajón y te sientes mal y volteas a ver esos lados del cuerpo que a lo mejor no te gustan tanto o empiezas a pensar que no has hecho que algo querías todavía, y así puedes pasar otros tres días y no pasa nada, viene otro día donde está toda esta energía y empezamos de cero y así es constantemente. Estar luchando y luchando por el amor propio porque no hay una felicidad eterna y está bien, no siempre tenemos que estar bien y eso no está mal. Entonces para mí el amor propio es súper importante, luchar todos los días y trato de compartir todo eso con mis seguidores para ayudarles y al final para ayudarme a mí misma también.

♦ ALAYA, SARAI Y ANNA CHASE

Tuve el gusto de realizar un IG live con tres talentosas invitadas especiales. Ellas son artistas, escritoras, compositoras, cantantes y mujeres luchadoras que en muy poco tiempo han alcanzado grandes reconocimientos musicales. Ella son Sarai, Alaya y Anna Chase. Alaya estuvo nominada al Premio Lo Nuestro, Anna Chase, finalista de Eurovisión Américas y Sarai ha logrado colaboraciones como con el reconocido artista Jon Z y quien ya cuenta con millones de views de sus videos.

—**Ari Global:** Las tres han tenido logros muy importantes: Sarai te hicieron recientemente una mención en Billboard, Alaya te nominaron a premios Lo Nuestro y Anitta quedaste finalista en Eurovisión América. Para aquellas personas que quisieran apostarle a la música o iniciar un sueño, atreverse a seguir sus sueños ¿Qué les recomiendas a todas esas personas que les falta ese voto de valentía para atreverse?

—**Alaya:** Si no es ahora, nunca, así que hay que darle. Uno no puede esperar a estar 100% lista, o cuando me sienta mejor. Uno nunca se va a sentir totalmente listo, sino que vas aprendiendo en el camino . Así que hay que continuar y darle con todo.

—**Sarai:** Es volver al amor propio, quererte primero, quererte lo suficiente y encarar que Dios tiene el poder de hacerte poder sobrellevar muchos desafíos, yo soy muy creyente y para mí es muy mágica la travesía creyendo es Dios. Animarse e ir por ello.

—**Anna Chase:** Creer en ti misma porque si no, no vas a poder dedicarte y poner todo tu amor en eso, tienes que trabajar duro y seguir soñando, yo nunca paro de soñar y escribo mis metas todos los días.

◆ ALEJANDRO CHABÁN

Alejandro es un ejemplo de fortaleza ya que ha logrado convertir sus miedos y fracasos en éxitos y triunfos. Él es el creador de "Yes You Can", que cuenta con más de 51,347 mil historias de éxito y 4,240,301 millones de participantes. El logró transformarse por completo tanto económica como mentalmente y llevar una vida saludable. Nos comentó que nuestro éxito es proporcional a la veces que dices no, nos dice que para salvar a otros primero te tienes que salvar a ti y nos afirma sobre la importancia de decir que no.

—**Ari Global:** ¿Hasta el día de hoy hay personas que te impiden lograr tu meta?

—**Alejandro Chabán:** Sí, todo el tiempo. Yo creo que por todos lados hay personas que te dicen: "¿Pero no vas a salir a rumbear? Pero no importa, pero mañana te levantas temprano…" y yo la verdad no, o sea ¡ojo! ¡No porque juzgue eso!. Yo después del proceso de la quiebra financiera, que perdí los amigos, perdí la casa, perdí los carros, y perdí absolutamente todo, entendí que al primero que tenía que complacer era a mí, de que al primero que tenía que escuchar era a mí, de que cada vez que me invitaban a un cumpleaños, o a tres cumpleaños o a tres fiestas, yo iba a una y luego iba a otra, porque quería ser bueno y quería que la gente me quisiera.

Luego dejé de complacer a todo el mundo y comencé a complacerme a mí y empecé a estar en paz conmigo, y empecé a decir que "nadie de esta gente que yo complazco ni me dio una mano, ni me ayudó, ni me prestó plata, ni me contestaba el teléfono cuando realmente lo necesitaba". Para salvar a otros primero te tienes que salvar a tí mismo.

—**Ari Global:** Entonces es muy cierto que primero te tienes que cuidar a ti para cuidar a los demás, estar bien contigo mismo, me encanta lo que acabas de decir porque yo creo que eso lo pueden sufrir muchas personas el decir que no, por miedo al rechazo, por quedar bien, por complacer a los demás, uno dice muchas veces que sí y eso es un gran error porque te estás diciendo un no a ti.

—**Alejandro Chabán:** Que bello lo que acabas de decir y estoy cien por ciento de acuerdo Ari. Un maestro me decía: "Tu éxito, tu triunfo, tu riqueza, vas a ser proporcional a las veces que digas no en tu vida". Cuando te inviten a desenfocarte, cuando te inviten a hacer inversiones, cuando te inviten, no es que te cierres, pero necesitas la libertad de poder decir no. Entonces creo que es importante decir "sí", que te abre posibilidades como creo que también es importante decir "no, gracias".

♦   ABRAHAM MATEO

Es un exitoso joven cantante, compositor y productor español. Ha colaborado con grandes artistas como Becky G, Jennifer López, 50 cents. Ha sido productor de importantes artistas como Belinda, Austin Mahone, Alejandro Sanz, Pitbull, Mau y Ricky. En la entrevista nos habla sobre la importancia de no dejar que nadie detenga tus sueños. Siempre va a haber gente que por envidia o por otros motivos no querrán verte brillar, así que es importante seguir tu voz interna y poner límites a todas esas personas que quieren parar tu proceso de evolución.

—**Ari Global:** ¿Sientes que donde hay luz hay oscuridad?. Cuando una persona está brillando, cuándo una persona tiene un talento, tiene un don, ¿sientes que siempre habrá personas que van a querer apagar esa luz e impedir que sigas brillando, que sigas ese camino por envidia o por inseguridades?

—**Abraham Mateo:** Yo creo que siempre hay gente que nace llena de odio y cuando hay alguien que intenta hacer las cosas bien, intenta hacer las cosas lo mejor posible con buena intención, pues desgraciadamente la envidia es una cosa que existe, es real, estoy de acuerdo contigo en que detrás de una luz siempre hay una oscuridad muy grande. Podrían haberme afectado esos mensajes y haber dejado la música, pero no lo hice, me dio más fuerza. Yo creo que los *haters* al final también son parte del éxito de un artista, hay muchos refranes que al final dicen: "Da igual que hablen bien o mal, pero que hablen".

—**Ari Global:** ¿Qué pueden esperar tus fans con tu disco "Sigo a lo mío" luego de tus cinco álbumes anteriores?

—**Abraham Mateo:** "Sigo a lo mío" es el álbum más íntimo hasta la fecha. Es un álbum donde me atrevo a hablar de cosas que quizás antes no me atrevía tanto. La canción que le pone título al álbum es un desahogo realmente, hablo de ese bullying cibernético que yo recibí cuando tenía trece años, y quería dejarle saber al público eso que me pasó. Quizás la cuarentena tuvo un poquito de culpa de yo haber reflexionado mucho y de haber dado muchas vueltas al coco, y de tomar la decisión de hacerlo, creía que era importante sobretodo para ayudar a las personas que sufren de bullying o sufren de acoso y quería mandar ese mensaje de positividad con esta canción. Al final hubo mucha gente que me intentó frenar, intentó llenar de negatividad un poco mi vida, y no lo han conseguido, por eso digo en el tema que "seguí a lo mío", que no dejé que nada me detuviera.

♦ GUILLERMO DÁVILA

Uno de los Ídolos más queridos de Venezuela. Lleva más de 30 años de una larga y exitosa carrera logrando vender más de 20 millones de discos. Ha sido actor principal en más de 23 telenovelas, ha actuado en películas, teatro y un sin fin de proyectos. Recientemente fue jurado de la Voz Perú y nos habla de la importancia de luchar por todas las cosas que uno quiere aún cuando te ponen límites.

—**Ari Global:** Tengo entendido que cuando eras muy joven trabajaste en un mercado en Caracas para ganar dinero y poder comprarte tus juguetes. ¿Qué recuerdas de tu infancia en Venezuela y qué aprendizaje tuviste con esta experiencia?

—**Guillermo Dávila:** Eso formó parte de la enseñanza de la cuál yo he sido afortunado. Mi papá y mi mamá, como dicen todos los hijos de sus padres, eran realmente diferentes, mi papá era el dueño del Universo, él dirigía orquestas filarmónicas con un palito de un gancho de ropa mientras escuchaba valses peruanos, mi mamá jugaba a hacer magia y era enfermera, mi papá era un hombre que trabajaba en el departamento de planos de un instituto en Venezuela. Ellos, aunque no eran conscientes, eran unos magos y él (mi padre) consiguió la forma de enseñarme a ganarme las cosas a través de los límites que me ponía. Un día me dice: "¿Viste los soldaditos de juguete que están vendiendo en el mercado?" Me llevaron al mercado y mi papá me dice "Vas a alquilar las carruchas de llevar mercado y de lo que te ganes vas a comprar las bolsas de los muñequitos que quieras"

—**Ari Global:** es decir que te hicieron trabajar desde pequeñito para conseguir lo que querías…

—**Guillermo Dávila:** ¡Claro! Y esos "no" me hicieron valorar mucho más todo.

TOMA EL CONTROL DE TU VIDA Y DEJA DE BUSCAR EXCUSAS

Nosotros somos responsables completamente de nuestras vidas. Todo depende de cómo actuamos ante la vida. Debemos hacernos totalmente responsables de nuestras acciones. Es una situación en la que no se puede culpar al otro, optar por el papel de víctima para no asumir las responsabilidades, no tomar decisiones, o simplemente poner miles de excusas.

En la vida están los que usan las excusas para todo lo que les sucede. Realmente cuando alguien quiere algo hace todo lo posible por lograrlo y no hay obstáculos ni excusas que lo puedan limitar.

Para poder salir adelante tienes que levantarte del sillón y convertirte en un águila para volar alto y realizar todo lo que desees, debes hacerte completamente cargo de tus acciones y ser el capitán de tu propio destino.

El ser responsable es estar conscientes de nuestros actos. En la vida van a suceder millones de circunstancias buenas o malas pero está dentro de nosotros cómo reaccionamos y cómo actuamos ante lo que nos sucede.

Solo nosotros tenemos el poder de cambiar nuestra vida, nuestra mentalidad y nuestra circunstancia, así sea que estemos en un hueco, la única persona que es responsable para salir adelante eres tú mismo. No podemos esperar que otros nos salven o que aparezca un milagro, ganarnos la lotería. Tienes que empezar a hacerte feliz primero tú mismo para que todas las cosas a tu alrededor comiencen a transformarse.

Cuando estamos en un papel víctima nos quedamos estancados, no podemos avanzar escuchando nuestras indecisiones. Cuando ponemos la culpa en el otro nos convertimos en la víctima, y si nos quedamos en papel de víctima es imposible destacar y brillar. Muchos se la pasan justificando el motivo de sus acciones, y simplemente son excusas. Si quieres encontrar excusas para no afrontar los problemas o evadir la responsabilidad las vas a encontrar.

Así que deja de ponerle excusas a todo, simplemente empieza a actuar de acuerdo a las metas que quieras lograr, sé el responsable de todo lo que hagas, toma total responsabilidad. Afronta los problemas, supera las barreras, toma acciones y decídete.

Todo lo que hagamos y dejemos de hacer tiene consecuencias y todo depende de ti, estás hoy en día en donde estás por las cosas que has hecho o no has hecho. No podemos controlar todo lo que sucede a nuestro alrededor, pero siempre podemos actuar de la mejor manera.

Y si eres de esas personas que justifican y le ponen miles de excusas a todo, y de las que no toman decisiones, acaba con eso ahora mismo. Tienes la opción de que las circunstancias tomen control de tu vida o que tú tomes control de lo que quieres crear en tu vida. Asume la responsabilidad y haz todo lo que tengas que hacer para cambiar la realidad.

Todo lo que hagas lo estás creando tú mismo. Hazte responsable de los errores, de las malas acciones, de la procrastinación, y deja los malos hábitos atrás. Siempre puedes y tienes la opción de cambiar para ser una persona mejor .

Así que si quieres transformar tu vida asume las responsabilidades y no pongas excusas. Cambia tu actitud al 100x100.

. . . .

ENTREVISTAS A CELEBRIDADES EN "ARI GLOBAL SHOW" SOBRE LA IMPORTANCIA DE TOMAR EL CONTROL DE NUESTRAS VIDAS Y DEJAR DE PONER EXCUSAS A LA HORA DE SEGUIR NUESTROS SUEÑOS.

. . . .

♦ VANESSA HUDGENS

Hudgens saltó a la fama internacional por su personaje como Gabriella Montez en la saga de *High School Musical*. Nos habla de lo importante que es siempre tomar el control de nuestras vidas para alcanzar nuestros deseos.

—**Ari Global:** ¿Cuál sería el mejor consejo para las personas que sienten que van a rendir?

—**Vanessa Hudgens:** Sólo seguir adelante, honestamente entiendo que a veces se preguntan: "¿Por qué hago esto?" Pero tienen que saber que la gente que consigue grandes cosas lo hace porque no se rinde, su milagro está a la vuelta de la esquina.

—**Ari Global:** Hay una frase en la película que dice "Lo único que te detiene a ti eres tú misma" ¿Qué significa esto?

—**Vanessa Hudgens:** Yo creo que es muy fácil apartarnos de nosotros mismos y creer que perdemos el control de nuestras vidas, o no hacer las cosas cuando debemos, poner excusas para no sobrepasar las cosas y terminar siendo víctimas de ello. Pero es importante recordar que cada quien está a cargo de su propia vida y su destino. Haz con tu vida lo que desees.

♦ PATRICIA VELÁSQUEZ

Es una actriz venezolana que ha obtenido muchos logros. Nos comparte su idea de que hoy en día no hay límites y que somos nosotros los únicos responsables de lograr lo que aspiramos.

—**Ari Global**: Patricia, durante tu carrera has logrado muchísimos éxitos, por ejemplo, has estado en las portadas de revistas como Vogue, has desfilado para marcas tan reconocidas como Chanel, Dolce & Gabanna y, por si fuera poco, has actuado en películas de Hollywood como "La Momia y "La Llorona". ¿Qué le recomiendas a todas esas personas que están luchando por sus sueños?

—**Patricia Velázquez:** Yo no tenía muchos recursos cuando comencé. En mi edificio no había agua y teníamos muchas limitaciones . Esas limitaciones no deben de ser una excusa. Hay que rodearse de gente que te inspire. Aparte de eso está bien que tengas a alguien que admires, pero no trates de ser como otra persona, sé auténtica porque ahí es donde está el éxito. A veces uno puede pensar que el éxito puede estar demasiado lejos de donde uno vive, y yo te digo que si tú trabajas, si lo haces con disciplina no hay razón, ya esas fronteras no existen, antes era mucho más difícil que ahora, ahora tenemos las redes, ahora tenemos más facilidades. Mira, quiero ser actor, quiero ser ingeniero, quiero ser lo que sea, ya hoy por hoy los límites no existen, el límite está en la mente.

♦ CAROLINA CRUZ

Es una gran presentadora, modelo, reina de belleza, empresaria, escritora, esposa, mamá y una de las personalidades más queridas en Colombia. Ella decidió crear un hashtag llamado #CaroCruzSinExcusas con la intención de mostrarnos que realmente nosotros somos los responsables de nuestras vidas. Uno tiene el poder de tomar el control de tu vida o, de lo contrario, simplemente dar excusas.

—**Ari Global:** Una frase que te caracteriza es "Caro Cruz Sin Excusas"¿Cuáles son las excusas para ti?

—**Carolina Cruz:** Yo tengo que aceptar que las excusas en si no existen, pues hay unos días donde uno tiene más pereza que otros días, hay momentos que son un poco más difíciles y más complejos, donde uno no tiene el ánimo como quisiera tenerlo, pero yo trato de no tener excusas para nada, trato de aprovechar mis días, mis horas, los momentos felices con mi hijo, con mi familia. Empecé a usar el #CaroCruzSinExcusas hace aproximadamente unos 8 o 9 años, llevo utilizándolo muchísimos años desde que tengo Instagram, y la gente ya se identifica con ese hashtag y ya saben que yo no tengo excusas ni para hacer ejercicio, ni para trabajar, ni para hacer las cosas que me gustan y me apasionan.

♦ Audri Nix

Tuve el gusto de entrevistar a la exitosa cantante, actriz, y compositora que se convirtió en la primera mujer puertorriqueña en protagonizar una serie original de YouTube titulada "Bravas". Por lo que podemos decir que llegó a la industria artística para demostrar y posicionar a la mujer boricua en lo más alto de la música latina y el entretenimiento. Recientemente sacó una nueva canción cuya portada se logró gracias a la ayuda de Kanye West "Miami Beach".

—**Ari Global:** Los protagonistas de esta serie "Bravas" viven en un lugar en el que uno piensa que no hay futuro. ¿De qué manera ves que evolucionan los protagonistas para salir del hueco donde se encuentran?

—**Audri Nix:** Yo creo que los personajes de "Bravas" también pasan por muchísimos obstáculos para lograr el resultado que quieren. Creo que la forma como ellas sobrepasan todos estos obstáculos es no deteniéndose y enfrentando esas situaciones y esos problemas. Eso es algo en lo que todos nos podemos identificar porque todos en esta vida vamos a pasar situaciones y obstáculos que nos van a hacer imposible llegar a donde queremos llegar, que a lo mejor no es posible lograr nuestras metas, pero yo siento que Mila, Rojas y Ashley (personajes de la serie),no se dejan llevar por eso sino que tratan de enfrentarlo y trabajar ante ello por más dificultades que se presenten, y yo creo que eso es algo muy importante y creo que es lo más importante en la serie: ver cómo las mujeres puertorriqueñas tenemos que enfrentarnos a muchísimos obstáculos como lo pueden ser sexismo y la hostigación.

♦ JOE FURNIER

Es un campeón internacional de boxeo profesional y un conocido empresario multimillonario inglés. Sus victorias en todo el mundo lo llevaron a ser clasificado como el peso semipesado número 10 del mundo por la WBA. Tiene una de las historias más inspiradoras en cuanto a cómo transformó su vida. En algún momento, perdió todo en su vida, pero eso no le impidió encontrar la manera de levantarse de nuevo y construir un imperio. Todo el éxito de Joe proviene de cómo pudo tomar control sobre su vida. Perdió su fortuna cuando era joven después del divorcio de sus padres; posteriormente, tuvo que retirarse de su carrera como basquetbolista por una grave lesión. Luego, tomó el poco dinero que le quedaba y montó su propio gimnasio con equipos de segunda mano, y finalmente se convirtió en el boxeador profesional y empresario que es hoy en día.

—**Ari Global:** Para que alguien pueda cambiar cómo tú lo hiciste ¿Cuál sería el primer paso que hay que tomar para tener el control de tu propias vidas?

—**Joe Fournier:** Primero debes empezar por los aspectos que puedes controlar, por ejemplo durante el Covid hay muchas cosas que pude hacer, mi negocio es la hotelería así que nos vimos obligados a cerrar, estaba perdiendo mucho dinero, otro punto amargo fue que perdí la libertad porque no podía viajar, pero lo que pude hacer fue cuidar mi salud, así que en lugar de quedarme en casa y beber todo el tiempo me desintoxique, no bebí todos los días, comencé a cocinar, leí varios libros, empecé a entrenar todos los días, perdí 35 libras en ese período. Debes trabajar en las cosas que puedes controlar, no te preocupes por las otras cosas que a seguir ahí, toma cada día a la vez y si quieres cambiar tu vida, controla las cosas que puedes controlar y eso comienza contigo mismo.

—**Ari Global:** Controla lo que puedes controlar. Y en la época cuando tenías poco dinero, decidiste utilizar tu dinero para crear un gimnasio, que luego vendiste por millones de dólares. ¿Cómo empezaste y cómo creaste esta compañía?

—**Joe Fournier:** Fue un viaje largo, hay un dicho en Inglaterra que dice: "donde hay voluntad hay un camino", así que compré todo el equipo de segunda mano por E-bay, de hecho me metí en la base de datos de un Spa local y ví que tenían la misma clientela que yo, así que tomé el teléfono y llamaba todos los días, llamaba, llamaba y llamaba, todos los días llamaba y les preguntaba "Hola ¿Quieres unirte a mi gimnasio?" Y yo pretendía que tenía un staff de trabajo grande, así que llamaba y pretendía ser el gerente de Relaciones Públicas de la compañía, pero era sólo yo, yo era el único empleado de la compañía. Y al final cuando consigues al primero se crea el efecto "bola de nieve", conseguí un cliente, luego dos, tres… Y construí desde nada, consiguiendo uno, dos, tres, cuatro. Solo nosotros tenemos el control de transformar nuestras vidas.

♦ CARAMELOS DE CIANURO

Es una de las bandas más importantes de la historia del rock venezolano y del rock en español. Nos ha regalado increíbles éxitos que se han convertido prácticamente en himnos del rock como: "El Martillo", "Verónica", "Las estrellas", "Sanitarios", "El último polvo", " Rubia sol morena luna", entre otras. Suma más de tres décadas de una exitosa trayectoria y cuentan con 13 discos, ha sido nominada al Latin Grammy y ha obtenido numerosos reconocimientos a lo largo de su carrera. En esta ocasión sus integrantes nos hablan sobre la importancia de tomar control en nuestras vidas.

—**Ari Global:** Ustedes llevan más de 30 años en la industria de la música, me imagino que han vivido todo tipo de experiencias, de momentos buenos, de puertas que se abren, puertas que se cierran, oportunidades que se han caído, levantado, como dicen "tomar el control de sus vidas". Si pudieras volver al pasado, o si pudieras dar un consejo a todas las personas que nos están viendo que quieren retomar el control de sus vidas, el control de sus carreras, el control de las relaciones amorosas, en general, ¿Qué les recomiendas para seguir luchando y triunfando?

—**Caramelos de Cianuro:** Sin duda no arrepentirse de las cosas que uno ha hecho, simplemente aprender de los errores, estoy seguro que nosotros aprendemos de los errores, sabemos las cosas que hicieron ruido, y si vuelven a aparecer sabremos esquivarlas, por supuesto tendrás que vivir con ellas y tratar de dejarlas atrás lo antes posible. No justificar algunos fracasos por cosas que te impidieron hacerlo, uno no tiene que sentir lástima de sí mismo sino ser optimista, ver hacia adelante.

Aparte de los conciertos, hay mucha gente que percibe dividendos por regalías, así que los músicos tienen que hacer un giro de 360 grados. Tienes que estar pendiente de tus finanzas, de tus videos, de tu música, hacerlo todo tú, es la única manera que están funcionando las cosas y esa es la manera de tener el control.

EL EFECTO EXTRAORDINARIO DE PENSAR EN POSITIVO

El pensar en positivo nos permite acercarnos a las oportunidades. Cuando pensamos en positivo todo lo imposible se hace posible, cuando pensamos en positivo creemos, confiamos, recibimos y vibramos con una energía capaz de conseguir lo que sea. Cuando actuamos en positivo también atraemos a mejores personas y circunstancias a nuestras vidas.

Hay dos tipos de personas, una a la que cada situación le saca algo negativo y otra que ve siempre el lado positivo, sin importar las circunstancias. En la vida siempre vamos a tener obstáculos, barreras, situaciones difíciles y solo nosotros mismos tenemos el poder de actuar ante cualquier situación.

Hay una historia de dos chicas que se quedaron accidentadas en el medio de una montaña. Una de ella no paraba de quejarse diciendo "porque siempre me pasan estas cosas, qué horror, qué mala suerte y qué horrible es todo", mientras la otra chica decía "¡woooow qué bello paisaje, qué hermosa vista, espectacular, qué belleza!". La segunda chica aprovechó y se quedó trabajando sentada en la montaña frente a la hermosa vista mientras venían a rescatarlas. Esa es la diferencia: una persona positiva siempre ve el lado bueno de las cosas sin importar la situación que sea. A la vez que una persona que siempre se queja, que anda viendo todas las cosas malas de la vida, hace que la gente termine alejándose de ella y muchas oportunidades se desvanecen.

Cuando piensas en positivo adoptas una actitud mental en la que esperas siempre resultados extraordinarios. Ser positivo es estar contento ante la vida, ser agradecido y siempre ver el lado bueno de las cosas. Hasta en las situaciones más difíciles siempre podemos aprender algo. Cuando logras pensar en positivo también te permites ser más feliz.

En cuanto vas creciendo en el trabajo, surgirán más obstáculos y problemas. Con una actitud positiva se es capaz de ver mucho más allá de todos estos problemas y obstáculos. Los grandes líderes se enfocan en la meta, en las soluciones, en lo que se puede hacer y no en lo que no se debe hacer. Para ello es importante utilizar palabras afirmativas, creer en uno mismo, tener una actitud ganadora, confiar, actuar con agradecimiento, valorar todo lo que tienes a tu alrededor, enfocarte en lo que tienes y no en lo que no tienes.

El pensar positivo nos hace más fuertes, nos hace vivir mucho mejor, nos sube la autoestima, disfrutamos más de la vida, nos facilita mucho más el camino al éxito, nos ayuda a tener mejores relaciones, mejor estado de ánimo, nos ayuda a resolver problemas, nos libera del estrés y la ansiedad, nos sentimos mejor por dentro y por fuera.

Una actitud optimista es capaz de lograr lo que sea.

Pensar en positivo quiere decir adoptar una actitud en la que esperas resultados buenos y favorables. Así que si quieres transformar tu vida siempre piensa en positivo al 100x100 y verás cómo tu vida cambia.

ENTREVISTAS A CELEBRIDADES EN "ARI GLOBAL SHOW" SOBRE LA IMPORTANCIA DE PENSAR EN POSITIVO :

♦ BETO PÉREZ

Beto Pérez es el creador y cofundador de Zumba , una de las marcas y empresas de fitness más importantes y exitosas en el mundo. Cuenta con más de 20 millones de seguidores establecidos en más 186 países, con más de miles y miles de instructores. Artistas como Daddy Yankee, Don Omar y Shakira han formado parte de esta gran compañía y algunas grandes celebridades como Victoria Beckham y Jennifer López han compartido algunos de los videos. Podemos decir que el crecimiento de Beto con Zumba es una gran historia de superación, él empezó desde cero en Colombia como instructor de baile y llegó a Estados Unidos persiguiendo "el sueño americano", sin ni siquiera hablar inglés y sin una buena posición económica. El logró transformar su vida siempre pensando en positivo sin importar los obstáculos que se te presentarán.

—**Ari Global:** Veo que la disciplina, la perseverancia es parte de tu éxito. Hay muchos momentos que me imagino has tenido ganas de renunciar, cualquier persona que está luchando por un sueño pasa por momentos difíciles como el que nos contaste que llegaste a Miami sin nada. ¿Qué le recomiendas a todas esas personas que se enfrentan a obstáculos ante una situación difícil, que no ven una solución ni tienen ideas claras, pero que sí quieren alcanzar sus sueños?

—**Beto Pérez:** Es tan complicado hablarte de eso porque a mí nunca me ha pasado.

—**Ari Global:** ¿No te ha pasado?¿Quieres decir que nunca has tenido obstáculos?

—**Beto Pérez:** Obstáculos sí he tenido, pero que haya pensado en renunciar no, a mi entre más obstáculos y más duro me lo pongan mejor. Yo soy muy terco y para mi los "no" me motivan. ¿Quién me dice que no? ¿La sociedad? ¿La moralidad? ¿El país? ¿La cultura? ¿Quién me va a decir que no puedo bailar? ¿Quién me va a decir que no puedo soñar? Eso para mí no existe. Hay que pensar en positivo y seguir adelante haciendo lo que uno ama.

♦ JOHN LEGUIZAMO

John es mejor conocido por interpretar al personaje de Luigi en "Super Mario Bros". Él piensa que a veces cuando queremos conseguir un objetivo se presentan problemas y para ello tienes que ver esos problemas en oportunidad. Enfocándonos siempre en el lado positivo de cada situación, buena o mala.

—**Ari Global:** La película "Playing with fire- Película " trata de aceptar aquello que incomoda, saber adaptarse a situaciones distintas, pensar fuera de lo usual. ¿Cómo podemos lograr esto en la vida real?

—**John Leguizamo:** No es tan fácil (risas). Es mucho más fácil en una película donde puedes hacer cuatro o cinco tomas, pero en la vida no es tan fácil. Creo que si ves cada problema como un reto y cada reto como una oportunidad, creo que eso es lo más hermoso de la vida, y saber cómo sacar cosas positivas.

♦ LAIA COSTA Y SERGIO PERIS-MENCHETA

Una película con mensajes espectaculares es la de "Life Itself Movie" ,protagonizada por Antonio Banderas, Laia Costa, Sergio Peris-Mencheta y otros. Me tocó entrevistar a Laia y Sergio, quienes nos compartieron un mensaje muy especial.

—**Ari Global:** La frase principal de esta película dice "Life will surprise you", "La vida te sorprenderá" ¿De qué manera nos puede sorprender la vida?.

—**Laia Costa:** Yo creo que nos puede sorprender para bien y para mal porque no todas las sorpresas son buenas, y el tema es cómo te vas a tomar esas sorpresas sean buenas o malas, la energía que tú pones en seguir adelante. Cuando dices "la vida te sorprende" lo que está diciendo es que "tú no estás al cargo" y en eso consiste la vida.

—**Sergio Peris-Mencheta:** Yo creo que le damos mucha importancia, hay demasiada importancia personal en lo que nos pasa, lo bueno y lo malo, y lo llamamos "bueno" o lo llamamos "malo", pero es la vida. Yo creo que es una categorización que le ponemos, parece que llorar es malo, o que perder a un ser querido es malo, y a lo mejor esa pérdida nos abre una puerta que no se nos ha abierto hasta ese momento para vivir la vida de otra manera, quizás más interesante.

♦ YENNIS

Es un gran ejemplo de superación. Ella llegó a Estados Unidos con muy poquitas oportunidades y logró convertirse en la ganadora de 'La reina de la canción', concurso donde tenían como productor ejecutivo al big boss Daddy Yankee y entre los jueces se encontraban Olga Tañón, Joss Favela y Natti Natasha. La historia de Yennis es el ejemplo perfecto que

ARI GLOBAL

demuestra que con esfuerzo todo se puede lograr. Ella comentó que se consideraba cobarde pero que sacaba su fuerza pensando en positivo para poder lograr sus sueños. Nos habló de todos los retos, sacrificios que hizo para que ella fuera ganando confianza en sí misma todos los días.

—**Ari Global:** Eres un ejemplo real de superación, ya que antes de tus últimos logros todo había sido difícil y tuviste que comenzar desde cero. ¿Qué consejo le puedes dar a la gente que quisiera lograr un gran sueño?.

—**Yennis:** El consejo que les doy es que nunca se rindan, que siempre luchen por seguir adelante, que no escuchen los pensamientos negativos, que no escuchen las malas vibras que pueden haber a su alrededor. Simplemente enfocarse, que si algo se quiere se puede lograr, con esfuerzo porque todo se logra con esfuerzo, y que sigan adelante, que luchen, que sí se puede lograr. Yo soy el ejemplo vivo de eso.

♦ DARKIEL

Es uno de los exponentes más destacados del género urbano. Cuenta con más de 500 millones de vistas totales en su canal de YouTube. Protagonizó a Nicky Jam en la serie el ganador. Nos cuenta cómo buscar el lado positivo de las cosas.

—**Ari Global:** Durante la pandemia sacaste "Me siento bien" una canción que puede ayudar a muchísimas personas en momentos que son oscuros y difíciles. ¿Qué significa esta canción para ti y qué le recomiendas a las personas que están pasando por un momento malo? ¿Cómo Darkiel ve el lado positivo de las cosas y te sientes bien en cualquier circunstancia que está sucediendo?

—**Darkiel:** Dentro de cualquier circunstancia *yo me siento bien* porque hay que buscar el positivismo, obviamente hay

172

momentos en que uno se siente mal, uno se siente triste, eso nos pasa a todos, pero con esta canción "Me siento bien" quise plasmar que una vez que tengamos un nuevo día, una nueva oportunidad, una nueva mañana hay razones para sentirse bien

♦ MAYRA GOÑI

Es una peruana muy talentosa que desde muy pequeña ha sido actriz, modelo, cantante, youtuber, ha participado en novelas, miniseries, películas y además fue la ganadora de una de las principales competencias de música del mundo, como lo es Operación triunfo.

—**Ari Global:** Hay un post que recientemente publicaste que me encantó que decía: "Inspira a alguien hoy, quizás mañana te lo encuentres y te diga *gracias a ti nunca me rendí*" ¿Qué tan importante es ese post para ti y la idea de no rendirse que siempre hay que seguir los sueños por muy difícil que sea la situación?

—**Mayra Goñi:** Siempre trato de colocar mensajes positivos para la gente, porque hay gente que puede estar pasando por momentos malos, y a veces con solo basta con leer un mensaje para subir los ánimos y cambiarles el pensamiento, y si puedo hacerlo pues lo voy a hacer para servir de inspiración a personas que lo estén pasando mal o sientan que no pueden más.

HONESTIDAD, RESPETO Y AUTENTICIDAD

La honestidad, respeto y autenticidad son importantes para que una empresa, una relación o lo que desees, permanezca en el tiempo. Una vez que rompes la confianza las personas dejarán de creer en ti. Tal vez te lo dejen pasar una vez, pero la siguiente no lo harán. Es importante que siempre seas honesto, que seas leal y auténtico para que todos puedan confiar en tu palabra.

Cuando eres honesto le muestras respeto a las personas a tu alrededor. Esas personas que te respetan tal vez acudan a ti para algo que te pueda ser beneficioso en el futuro. Cuando eres honesto creas también una unión mucho más sólida entre las personas que te rodean.

Hay muchas maneras de ser honesto: podemos ser honestos con nuestras palabras, con el dinero, con la manera de expresar lo que pensamos, entre muchas cosas más. Lo más importante es siempre hablar con la verdad, aunque la verdad a veces pueda ser dura es mucho mejor decirla que callar. La honestidad es la actitud que debemos adoptar siempre ante cualquier situación. Cuando eres honesto y auténtico aumentas tu credibilidad.

Los valores que tienes son los que te hacen diferente. Si engañas, si mientes, si ocultas cosas, las personas se darán cuenta tarde o temprano, y todo sale a la luz, por lo que es importante ser fiel a nuestros valores. Además cuando hablamos con la verdad nos sentimos libres, sin cargas, ya que somos transparentes y no hay nada que ocultar.

La honestidad es uno de los rasgos más admirables de una persona, es la base de la confianza. No se trata solo de decir la verdad, se trata de ser real contigo mismo y con los demás acerca de quién eres, qué quieres y qué necesitas para vivir tu vida. Ser honesto nos da valor y nos permite tener una relación de paz con nosotros mismos y con las personas que nos importan y queremos.

Decir la verdad y respaldarla con acciones muestra respeto por lo que es correcto. La confianza se construye con una acción consistente y congruente con nuestros principios. Ser honesto implica hacer lo que decimos, que nuestras palabras y acciones vayan tomadas de la mano. Si quieres atraer personas honestas a tu vida tú debes ser honesto también

La honestidad, la autenticidad y el respeto te hacen atractivo como persona. Si eres honesto, te sentirás mejor contigo mismo. Si quieres transformar tu vida debes de ser honesto al 100x100.

. . . .

ENTREVISTAS A CELEBRIDADES EN "ARI GLOBAL SHOW" SOBRE LA IMPORTANCIA DE LA HONESTIDAD, LA AUTENTICIDAD Y EL RESPETO:

. . . .

♦ FANNY LU

Se dio a conocer con su canción "No te pido flores", que actualmente cuenta con más de 30 millones de views. Tiene canciones como "Tú no eres para mi", que alcanzó la primera posición en las emisoras de América Latina y Estados Unidos. Es considerada y conocida como la reina del tropipop. Y nos habla sobre el significado del respeto y su filosofía de vida.

—**Ari Global:** La canción "En mis tacones" dice: "Ponte en mis tacones pa' que me entiendas". De alguna manera esta canción nos invita a todos a ponernos los zapatos y los tacones de los demás para entendernos. Háblanos de este mensaje de empatía.

—**Fanny Lu:** Yo toda mi vida he usado eso como principio de vida, empezando porque el significado de respeto es lo mínimo que hay que tener en la vida con el otro, no hacerle a nadie lo que no quieres que te hagan a ti. Entonces ponerte en los zapatos de los demás te permite entender qué es aquello que a ti te dolería, te lastimaría, te haría daño, yo creo que eso es esencial para relacionarnos como seres humanos, entre mujeres, hombres y mujeres, niños y grandes, y en este lenguaje, en esta canción que nos invita a ponernos en los tacones de la mujer, lo puedes transportar a todo, a las demás personas, al respeto que tenemos que tener por los demás, pero sobre todo el empoderamiento de la mujer siempre me ha inspirado.

♦ MIKY WOODZ

Es un artista rapero emergente de Latin Trap que se ha convertido en uno de los artistas más influyentes del underground. Nos habla de su último álbum 'Los 90 piquetes', que contó con grandes colaboraciones como J Balvin, Zion & Lennox, El Alfa, Tainy, Wisin, Jay Cortez y Myke Towers. Actualmente cuenta con más de 3 millones de suscriptores en YouTube. Nos habla sobre la importancia del respeto y la lealtad.

—**Ari Global:** Visualmente el video de la canción "Shut Up" refleja de alguna manera la jerarquía y el respeto mediante un juego de póker. ¿Cuál es la intención principal de este video en cuanto a la idea de jerarquía?

—**Miky Woodz:** El respeto es algo que yo siempre he promovido desde el comienzo de mi carrera. "El que sabe, sabe" es lo que yo siempre he dicho desde el comienzo, y también digo "lealtad antes que dinero". Es una canción de cuando estaba comenzando y es lo que siempre he promocionado en mis canciones. En cuanto al póker simplemente fue idea del productor, yo simplemente le di la canción, él me enseñó el concepto, me gustó la idea aunque me imaginé que iba a quedar muy fuerte. Pero tan pronto vi el video dije "wow, me gusta!", es como una escena de una película. Yo trato de fluir, no tengo problemas en compartir ideas con los productores e incluso con otros colegas, estamos dispuestos a trabajar y a sacar un buen producto, esa fue la misión y gracias a Dios la estamos logrando.

♦ ADRIÁN MARTINEZ

Uno de los actores de la icónica película "La dama y el vagabundo". Lo entrevisté con motivo de la película, en la que se muestran mensajes espectaculares sobre ser amado, ser valiente y ser leal.

—**Ari Global:** Esta es una historia sobre ser leal, ser valiente, ser amado. ¿Cuál es la mayor lección sobre estos temas?.

—**Adrián Martinez:** Para mi realmente se trata de la conexión, porque cuando vemos el mundo pareciera que hay mucha gente molesta. Pero "La dama y el vagabundo" representa conseguir un sitio común, descubrir qué tenemos en común aún cuando vengamos de sitios distintos, diferentes religiones, vistas políticas, seguimos siendo humanos y podemos conectarnos de varias formas.

♦   OBIE BERMÚDEZ

Es un cantautor puertorriqueño, creador de grandes éxitos, lleva años en la industria de la música, una de sus canciones más exitosas fue "Antes", que cuenta con más de 95 millones de visitas en YouTube. Llegó a ganar un Grammy latino. Fue telonero en diferentes conciertos como el de Juanes, Paulina Rubio y Juan Luis Guerra. Nos habla que en el camino lo más importante es ser honesto con uno mismo y a la hora de expresar la música.

—**Ari Global:** Tengo entendido que tus inicios fueron difíciles, empezaste trabajando en una lavandería en Nueva York. Cuéntanos cómo saliste adelante. ¿Qué fue lo que te dio la fuerza?

—**Obie Bermúdez:** Fue una historia muy linda ahora que tengo la oportunidad de pensar en eso. Hay cosas que pasan en la vida y uno las ve tan frustrantes, pero todo pasa y recuerdo que en ese tiempo estaba viviendo en Nueva York, estaba buscando la forma de generar, de hacer dinero para para poder vivir y la música para ese momento no estaba generando tanto, entonces recuerdo que me ofrecieron un trabajo, y el trabajo era en una lavandería en un edificio donde también tenía la responsabilidad de visitar los apartamentos y anotar las quejas, en Nueva York se llama "Super" y estaba yo a cargo del edificio completo. Fue una experiencia bien rara en ese momento.

En ese momento yo estuve escribiendo sobre las experiencias que tenía y de ahí nació el disco "Confesiones", por eso le puse el nombre "Confesiones" porque yo quería ser honesto con mi experiencia y lo que estaba viviendo y hablar de la realidad de la vida.

—**Ari Global:** ¿Es decir que pusiste tus experiencias difíciles en tus canciones?

—**Obie:** Totalmente, y de ahí entendí que esa podía ser la fórmula. Funcionó para mí, fue también un tipo de terapia, de ser honesto a través de la música y fue lo que conectó con la gente, y lo comparto con lo que estamos viviendo hoy día con la pandemia, porque siento que estamos viviendo esa experiencia que todos sentimos que es negativa, pero yo una vez más he logrado buscarle esa esquina o esa ventana donde puedo sonreír, donde puedo escribir y hablar de esto, y utilizarlo como terapia para conectar con la gente.

Siempre he sido así en mi vida, con todos los momentos cuando siento que algo es difícil siempre me refugio en la música y me ha ayudado muchísimo, entonces así seré hasta que ya no pueda

♦ LESLIE SHAW

Es una de las artistas más exitosas de Perú. Ha tenido colaboraciones con Thalia y Farina. Ha subido al escenario con Luis Fonsi, Maluma y Gente De Zona. Nos habla sobre la importancia de darse a respetar.

—Ari Global: Cuando compones, cuando te inspiras a escribir cada una de tus canciones ¿qué mensaje quieres transmitir a tus seguidores?

—Leslie Shaw: Yo tengo muchas seguidoras muy jóvenes y siempre hay que hacerse respetar. Yo no estoy en ese tema de si es grosero o no, simplemente hay que respetar los ideales, lo que se quiere. Hacer cosas divertidas pero sin faltar el respeto a una misma.

♦ ERIKA ENDER

Ha batido todos los récords en la industria de la música. Es la única latina en la historia en alcanzar la posición número uno en el listado de Billboard Hot 100 con un tema en español y la única con el número 1 más sostenido de la historia de Billboard. Ella es una cantante, compositora, productora y filántropa ganadora de múltiples premios, incluyendo varios Latin Grammy´s. A la vez ha sido considerada una de las mujeres más poderosas según Forbes. Cuenta con 7 certificados de Guinness World Records por la canción "Despacito" (co-autora). Como mujer ha roto todos los récords de todos los tiempos en la industria musical a nivel mundial. Ella nos habla sobre esas veces que le dijeron que no era posible.

—Ari Global: ¿Se puede decir que los NO te han motivado?

—Erika Ender: Sí, totalmente, yo le agradezco más a la vida los "no" que los "si", los "no" me transformaron, ellos son los que realmente me hicieron lo que soy, porque los caminos fáciles no te transforman, como dicen por ahí: "los buenos pilotos se conocen cuando hay turbulencia", esas turbulencias son las que me hicieron la vida. El primer paso es creer en ti pase lo que pase, el segundo paso es no creer tampoco a ciegas sin tratar de ser mejor de lo que puedes, porque yo puedo decir "Ay que lindo canto" y resulta que estoy desafinada, uno tiene que conocer sus capacidades, saber donde uno quiere desarrollarse y al mismo tiempo crecer en todo lo que uno pueda.

Yo tengo 28 años de carrera porque he sabido buscar siempre con humildad cómo transformarme a través del tiempo, entender los nuevos códigos y no sentir que me las sé todas. Mantente humilde, mantente auténtico, cuando tú realmente eres tú entonces le puedes tocar el corazón a otra persona, lo falso nunca trasciende. Y sobre todo la perseverancia, no parar, no parar, no parar, esto es del que no se quita, y saber que nosotras como mujeres tenemos capacidades.

◆ TWO TRENDS

Son una de las parejas más estables en los medios (power couple). La cuenta de Two Trends está formada por Espe y Sebas. Ambos son influencers que viajan por el mundo compartiendo contenido originales sobre estilos de vida, moda entre otros temas. Ellos comenzaron documentando su día a día en las redes y actualmente sus videos en Tik Tok cuentan con miles de views y tienen también gran audiencia en instagram y youtube. Nos cuentan que una de las claves para mantener una relación sana es el respeto.

—**Ari Global:** Yo creo que ninguna relación es perfecta, que toda relación siempre va a haber algún problema, alguna dificultad, algún reto, y yo siento que muchas personas en cuanto hay algún problema en vez de trabajarlo salen corriendo, como que ya no trabajan más en esa relación. ¿Tienen ustedes alguna manera de ayudarse y apoyarse para trabajar ante los problemas y retos que se les presentan?.

—**Sebastián:** Yo creo que una forma de manejar eso es estableciendo límites, como cuando una pareja discute. Hay ciertas cosas que no se pueden hacer ni decir .

—**Esperanza:** Bueno lo primordial es mantener el respeto.

—**Ari Global:** El respeto es clave.

—**Sebastián:** No decir malas palabras, no alzar la voz, que uno hable y el otro escuche, o si necesitan alguna pausa y después continúan discutiendo, yo creo que eso es antes de la discusión ya saber el límite, eso siempre va a ayudar, ya nosotros sabemos a qué puntos no ir. Lo me molesta a mí o lo que le molesta a ella, y discutimos normal, pero intentamos no llegar a ese punto donde las cosas se van fuera de control. Entonces, cuando mantenemos el control con las reglas podemos discutir y llegar a un acuerdo.

—**Esperanza:** Esto lo hemos aprendido con ensayo y error.

AYUDAR SIN INTERÉS Y CONTAR CON UN PROPÓSITO

Ayudar a las personas es un acto que mejora nuestra vida y la vida de todos. Una de las cosas más bonitas que podemos dejar como legado es poder ayudar a los demás. Cuando ayudas a otros indirectamente te estás ayudando a ti mismo. Ayudar hace que evolucionemos de manera positiva.

Nunca subestimes la influencia que puedes llegar a tener en la vida de los demás. Un pequeño gesto puede llegar a cambiar la vida entera de otra persona. Incluso con solo una sonrisa y un abrazo le puedes alegrar la vida a alguien que pasa por un mal momento. A veces son los pequeños detalles los que nos hacen sentir mejor. Debemos intentar apoyarnos de una manera positiva el uno con el otro ya que todo lo que uno haga en la vida, para bien o para mal siempre, tarde o temprano se multiplicará en el futuro

Los que dan más, siempre reciben más. Las personas suelen acordarse de esos momentos en que los apoyaste cuando más lo necesitaban. Es muy fácil estar para los demás cuando todo va bien. Lo que va a marcar la diferencia en la vida es estar para otros en esos momentos más difíciles. Uno nunca sabe si la persona que necesita tu ayuda en un futuro sea tu jefe, todo puede cambiar en un instante, o bien puede ser que esa misma persona te pueda presentar a alguien que necesites luego. Eso sí, nunca hagas las cosas por interés, deja que el universo arregle las cosas por sí solo. La ayuda no tiene que ser económica, puede ser un gesto de solidaridad, un consejo, una llamada, un servicio. Hay mil maneras de ayudar. Una persona generosa es una persona rica de alma y corazón.

Y si bien es maravilloso ayudar, cuando algo positivo se te devuelve sin esperarlo, se producen situaciones inesperadas y extraordinarias.

Tener un propósito en la vida es fundamental ya que será nuestro motor para lograr lo que deseamos y vivir una vida con sentido. Antes de buscar el éxito debes buscar tu propósito y el éxito llegará dependiendo de lo que busques. Todos venimos al mundo por un propósito y por esa misma razón es importante reconocer cuál es el nuestro. Con esto me refiero a nuestra misión aquí en este planeta. ¿Alguna vez te has preguntado cuál va a ser tu huella? ¿Qué vas a dejar aquí cuando ya no estés?.

Es importante reconocer nuestro camino porque una vez que sepamos cuál es nuestro propósito real y nos dediquemos a él al 100x100, las puertas se empezarán a abrir. Sea lo que sea a lo que te dediques asegúrate de que sea un buen propósito de vida. Con esto me refiero a que puedes usar tu propósito de vida para ayudar, influenciar e inspirar a otros con tus acciones. Que el día que nos toque irnos de este mundo podamos dejar una huella positiva, que podamos impactar la vida de las demás personas con nuestras acciones y con nuestro ejemplo.

Cuando encontremos nuestro propósito, encontraremos una razón por la cual luchar todos los días. Tener un propósito es trascendental, tener la voluntad de encontrar un sentido a la vida. El propósito se puede sentir como la necesidad de lograr algo importante. Es nuestro proyecto de vida, el motor fundamental que nos mueve y al cual dedicamos nuestros esfuerzos. Para levantarnos todos los días y lograr lo que queremos es necesario tener objetivos, metas, pasión, disciplina y constancia.

Al tener un propósito que sirva para ayudar a los demás, experimentamos un sentido de valor que de cierta manera le da significado a nuestras vidas. Cuando nos dedicamos a nuestro propósito todo a nuestro alrededor empieza a cambiar, a transformarse, a encaminarse. El propósito nos responde a la eterna pregunta del por qué de nuestra existencia.

Mientras más rápido descubras cuál es tu propósito, más fácil será saber hacia dónde dirigir tu camino. Pero, ¿qué se supone que es una vida con un propósito nada egoísta? Eso sería cuando intentas mejorar la vida de los otros y hacer algo para que estén mejor. Aquellas personas, amistades fieles que han llegado lejos y se han mantenido a lo largo de los años es porque de alguna manera participan activamente en mejorar la calidad de vida de los demás, así sea un poco.

Sé el héroe o la heroína de tu propia historia. Procura ayudar a las demás personas sin interés propio y, a la vez, ten un propósito claro en tu vida para que puedas dedicarle el 100 x 100 y verás cómo, al ayudar, empezarás a recibir retribuciones inesperadas.

. . . .

ENTREVISTAS A CELEBRIDADES EN "ARI GLOBAL SHOW" SOBRE LA IMPORTANCIA DE TENER UN PROPÓSITO Y AYUDAR A LOS DEMÁS.

. . . .

◆ DESCEMER BUENO

Es uno de los compositores , músicos y productores más virtuosos del momento. Sus composiciones han estado en el Top 10 del Hot Latin Track de Billboard contando con 28 nominaciones, 51 premios internacionales que incluyen múltiples Latin Grammys, Latin Billboards, Latin American Music Awards y entre otros grandes éxitos, su música ha recorrido los 5 continentes en las últimas 2 décadas. Ha colaborado con grandes artistas como Juan Luis Guerra, Black Eyed Peas, Enrique Iglesias, Thalía entre otros, nos habla sobre la importancia de ayudar.

—**Ari Global:** ¿Tienes alguna filosofía de vida o un mensaje que quisieras compartir?

—**Descemer Bueno:** Como siempre me dice Enrique Iglesias "lo importante es ser buena persona", ser buenos seres humanos. A veces tenemos la oportunidad, o él (Enrique Iglesias) más bien me da la oportunidad, de ayudar a otros compositores que están ahí esperando a que algo suceda. En mi caso me ha costado mucho ser artista, pero sigo trabajando y sigo dejándome apoyar por mis grandes amigos.

—**Ari Global:** Qué bonito lo que acabas de decir que para llegar al éxito lo más importante es ser buena persona y ayudar.

—Descemer Bueno: El mundo está en un momento donde tantas emociones que están a flor de piel con todo lo que se ha vivido con el Coronavirus, con todo lo que se está viviendo ahora en la situación de la violencia policial desmedida que ha provocado la muerte de un ser humano, de un inocente. Así que nosotros los músicos hemos sido, no sólo estamos aquí para promocionar canciones y para intentar que nuestro talento se vea, sino también para poder hacernos parte de las voces que queremos que este mundo sea cada día más bonito, que queremos que la paz sea lo que reine, que la violencia, el racismo, los haters, se apoderen de la belleza que tiene el universo.

♦ DIEGO TORRES

Es un cantante argentino conocido por la canción que se hizo viral llamada "Color Esperanza". Ha sido nominado a los Grammys y nos habla de lo importante que es ayudar, apoyar y ser una voz .

—Ari Global: Algo muy bonito, que no sé si mucha gente lo sabe, es que le has dedicado tiempo a ayudar a las personas. Te has convertido en el embajador de Unicef y también has apoyado campañas en contra de la violencia. ¿Qué objetivo tienes en mente cuando te incorporas a este tipo de actividades?

—Diego Torres: Hay algo que está pasando con las mujeres que es muy importante. Las mujeres se están manifestando en la región, en Latinoamérica, por sus derechos, en contra de la violencia de género, a favor de la igualdad, y nosotros como hombres tenemos que acompañarlas. Entonces me gusta poder ayudar, colaborar en estas causas, darle espacio a escuchar a las mujeres y a magnificar su voz, su reclamo, así que siempre es bueno poder utilizar la popularidad que uno tiene para poder servir a causas que lo necesitan.

◆ CHADWICK BOSEMAN

Uno de los grandes actores en los últimos tiempos que lamentablemente se nos fue al cielo nos habló de la importancia de tener compasión. El estuvo en películas como Black Panther, Avengers, Capitan America y también en la serie CSI . Tener compasión por los otros también es parte de ayudar a los demás.

—**Ari Global:** Esta película muestra que es importante tener compasión por las personas que hacen cosas malas ¿Por qué esto es importante?.

—**Chadwick Boseman:** Vivimos en una sociedad donde a algunas personas les gusta despreciar a otros, pero también creo que es una época donde tenemos una gran necesidad de que haya justicia. Vemos en algunas instancias a personas que pueden hacer lo que quieran sin consecuencias, y creo que también hay una mentalidad de pandilla que se ve en redes sociales y en las noticias. Creo que la única forma de solucionar esto es ponerse en los zapatos de la otra persona.

◆ OZUNA

Mi entrevista con Ozuna se convirtió en la entrevista más vista de Ozuna en YouTube, superando a todos los medios de comunicación, contando con más de 3.7 millones de visitas. Él es uno de los cantantes más sonados a nivel mundial. Nos habla sobre la importancia de ayudar a los demás para que las personas puedan salir adelante.

—**Ari Global:** ¿Cuál es tu función en Odisea Children?

—**Ozuna:** Pues mira mi función no es más nada que aportar un granito de arena en cada corazón de cada niño, cada joven que yo pueda darle la mano con mi fundación. Brindamos comida, brindamos ayuda donde la necesiten y creo que lo hacemos sin ningún interés, sin cobrar nada a cambio, haciendo que se sientan cómodos y así algún día puedan salir adelante.

♦ ADRIANA PANIAGUA

Adriana María Paniagua se convirtió en la primera Miss Teen de Nicaragua en ser ganadora de Miss Teen Internacional y en el 2013 obtuvo el título de Miss World Nicaragua. Representó a Nicaragua en el Miss Universo en 2018 . Adriana es una reconocida modelo y reina de belleza que ha logrado conseguir varios logros profesionales y nos habla de la importancia de hacer labores humanitarias.

—**Ari Global:** Has apoyado bastantes causas humanitarias, me parece súper bonito, cuéntanos de esa experiencia tan especial.

—**Adriana Paniagua:** Desde los 13 o 14 años he estado involucrada en organizaciones para apoyar a niños, y la verdad es que es muy bueno porque uno cuando da sin recibir nada a cambio se siente súper satisfecho. Desde pequeña mis padres me han enseñado que como podemos tener todo, podemos perderlo todo mañana y que al final los bienes materiales no es lo que importa en esta vida, importa lo que tenemos en el corazón y las acciones que tomamos hacia los demás.

◆ GABRIELA ISLER

Se convirtió en Miss Universo en el año 2013 y nos aconseja que para que las personas nos elijan a nosotros primero nos tenemos que elegir a nosotros y saber cual es nuestro propósito.

—**Ari Global:** ¿Por qué es importante elegirte a ti antes que a los demás?

—**Gabriela Isler:** Es importante primero elegirte a ti porque si tú no tienes la capacidad de creer en tí, de creer en tus capacidades, de creer en tu potencial y en lo que te apasiona, nadie va a creer que ese propósito que tú tienes es auténtico, entonces la única forma de que otra persona te elija es cuando tú te eliges y apuestas por ti.

◆ JON Z

Es un cantante puertorriqueño que anda creciendo internacionalmente con sus colaboraciones como con Tyga, Enrique Iglesias y YG. Recientemente se presentó en el show de Jimmy Kimmel Live para presentar la canción "Go Loko" junto a YG y Tyga quienes, se presentaron en *The Ellen DeGeneres Show*. Una de sus frases que lo identifica es loco, real y humilde. Nos cuenta que todo lo que queremos puede ser posible mientras descubramos cual es nuestro talento o propósito .

—**Ari Global:** ¿Qué consejo le darías a los jóvenes qué están luchando por salir adelante en sus vidas?. Eres una persona que se ha superado mucho, por lo que tienes toda la propiedad para darles un consejo.

—**Jon Z:** Que luchen por sus sueños, nada es imposible. Todos tenemos un talento y tienes que buscar cuál es tu talento en verdad y meterse de lleno en lo les gusta hacer, explotarlo. Así tendrán éxito y saldrán adelante. ese talento, explotarlo y vas a tener éxito.

♦ CAROLINA SANDOVAL

La conocen como "La Venenosa" o "La Reina de la faja", es una presentadora de televisión, periodista, locutora, escritora, actriz, empresaria, influencer, madre. Aparte de todos sus logros y triunfos podemos decir que día a día inspira y le da alegría a todos sus seguidores gracias a su energía, alegría y su gran personalidad. Algo que totalmente la diferencia del resto es que siempre es ella misma. Nos habla sobre lo importante de hacer las cosas con la intención de hacer felices a los demás.

—**Ari Global:** Muestras mucha seguridad, una mujer sin complejos, se necesitan más mujeres así sobre todo ahora que en las redes sociales de todo el mundo se pone siempre la parte bonita, la parte siempre perfecta y es tan importante que transmitas todo esto que es contenido real, auténtico y seguro.

—**Carolina Sandoval:** Cuando hago cada cosa lo único que me planteo es la felicidad que le va a dar a una persona que está en un hospital, que me pasó algo muy bonito en cuarentena, alguien me escribe a través de mis redes y mi manager digital me informa que una señora que está en situación terminal quería conocerme, hablar conmigo porque le encantaba lo que yo decía en "El trasnocho con Caro", hice todo lo que era posible y logramos hacer una llamada de tres personas con la señora que estaba con su hija y yo. Me reconoció, hablamos, nos reímos. Me enteré, con mucha tristeza, de que falleció hace unas semanas. Me siento bien de haberle dado esa alegría.

EL ARTE DE
SER PACIENTE

Tener paciencia es algo que nos cuesta mucho a todos, pero es fundamental para poder conseguir cualquier meta. Muchos de nosotros queremos todo para ayer y si no vemos el resultado en el momento pensamos en tirar la toalla.

El éxito no llega de la noche a la mañana. Muchas de las personas que han obtenido grandes logros han podido pasar muchos años subiendo escalones, cayendo y volviendo a escalar.

El éxito se construye poco a poco, en base a todos los pasos que tomes cada día. Es normal que a veces nos frustremos al ver que estamos luchando y luchando y no vemos los resultados que tanto deseamos, pero es ahí cuando más tienes que mantenerte arriba. Jamás te rindas por tus sueños o deseos, si no lo logras tú otra persona lo hará. Las cosas llegan en su tiempo divino. Mientras tanto, sigue levantándote todos los días y luchando por lo que deseas.

Muchas de las personas que han llegado lejos sufrieron adversidades o los llamaron locos, pero ellos siguieron insistiendo hasta que la puerta se les abrió. Cuando te llega debes apreciar lo que has logrado. Siempre debes poner atención y cuidar el fruto de tu trabajo y esfuerzo.

Hay veces que pensamos que un camino será fácil. La realidad es que muchas de las cosas que deseamos llevan tiempo. Por eso la importancia de tener paciencia.

No ganamos absolutamente nada si nos sentimos desmotivados o frustrados, todo lo contrario, al perder la paciencia lo que se logra es retrasar el proceso. Así que ante cualquier situación trata de calmarte, confía, deja que las cosas fluyan mientras lo intentas. No te frustres por el futuro ni por las experiencia del pasado, simplemente agradece, valora todo lo que tienes en el presente y da lo mejor de ti cada día para conseguir lo que tanto quieres y todo llegará.

Así que si quieres transformar tu vida, aunque nos cueste a todos, es importante que tengamos 100 x 100 paciencia para poder alcanzar nuestros más grandes sueños.

• •

ENTREVISTAS A CELEBRIDADES EN "ARI GLOBAL SHOW" SOBRE LA IMPORTANCIA DE TENER PACIENCIA.

• •

◆ PEDRO CAPÓ

Antes de que Pedro se diera a conocer mundialmente gracias a su gran éxito "Calma Remix", canción que cuenta con más de dos mil millones de visualizaciones y ha ganado múltiples Latin Grammy, llegó a trabajar como bartender por lo que puso en práctica su propia fórmula para luchar por sus sueños.

—**Ari Global:** Antes de lograr todos tus éxitos trabajaste como bartender, mesero, estuviste en varios lugares. ¿Cómo fue tu camino para conseguir mejores oportunidades y qué le podrías aconsejar a todas esas personas que están luchando para salir adelante?

—**Pedro Capó:** Dándole, dándole, dándole y dándole. Yo tengo una fórmula que yo le digo "Las 3 P" que es pasión, perseverancia y paciencia. Pasión: hay que hacer lo que uno ama en la vida, porque si no, ¿pa' qué?, si hay una motivación, un entusiasmo al respecto. Perseverancia, hay que trabajar duro por lo que uno quiere en la vida, y la más difícil de todas, que es la PACIENCIA: cuando trabajamos duro por lo que amamos, no siempre vamos a ver resultados al momento que los esperamos, pero sin duda que la acumulación de tanta energía en algún momento nos van a dar resultados positivos.

♦ LA VOZ: LUIS FONSI, CARLOS VIVES, ALEJANDRA GUZMÁN Y WISIN

Me tocó entrevistar a los 4 jueces del famoso programa La Voz. Luis Fonsi, Carlos Vives, Wisin y Alejandra Guzmán. Ellos son artistas muy exitosos que han llegado muy lejos y que a la vez han pasado por momentos donde se les han cerrado las puertas. Les pregunté sobre cómo podemos convertir una desilusión en una victoria, cómo podemos estar preparados para esos momentos cuando nos dicen que no y tener la paciencia y el aguante para luchar por un si.

—**Ari Global:** Y cuando ustedes dicen que no, cuando no giran la silla, me imagino que a ustedes también les habrá tocado muchas veces que les hayan dicho que no en su carrera ¿Cómo podemos convertir una desilusión en una victoria?

—**Luis Fonsi:** Así es la vida, a todos nos han dicho que no, a todos nos han cerrado la puerta en la cara, pero seguimos, hay que ser un poco tercos. La vida es un camino que hay que caminarlo, hay que vivirlo, hay que aprender. Uno a veces piensa que hay algunas cosa que se van a dar de alguna manera, y no se dan pero eso no significa que ahí se acaba este camino.

Curiosamente esta temporada vamos a ver historias que reafirman justo eso, que de repente la temporada pasada no era el momento, no se dio, no se dio todo, y esta temporada sí se dio. ¿Por qué? Porque siguieron pisando fuerte con mucha humildad, con muchas ganas de crecer, seguir hacia adelante, y ahora a triunfar.

—**Carlos Vives:** Como decía mi abuelita, mi abuelita decía "los tiempos de Dios son perfectos". Yo pienso que cada artista tiene su tiempo, y es importante no sufrir por esos "no" que te da la vida, porque a veces los tiempos no son iguales para todo el mundo. Y uno está pensando "tal persona le tardó este tiempo, y tal...", yo creo que los tiempos, como decía mi abuela, son de Dios**.**

—**Alejandra Guzmán:** Yo creo que eso nos lo han demostrado porque hay gente que ha intentado volver, que viene con toda la intención de ganar y que la vez pasada no pasó nada, entonces es increíble que siendo la misma persona llegues de otra manera más preparado, con otra actitud, y esos son los que ganan. La temporada pasada Dunia, una chica que no fue a mis shows y yo me la llevé, me la robé un ratito, y creo que fue un regalo de experiencias bellas . Entonces de alguna manera puedes ganar. Puedes ganar aprendiendo de otra persona, puedes ganar escuchando un consejo o puedes ganar con tan solo estar aquí (programa "La Voz") porque es una experiencia fuerte, dura, difícil.

También eso te demuestra que es una carrera de sacrificios y que no es fácil llegar hasta arriba.

—**Wisin:** Detrás de cada persona hay una historia. Muchas veces de momentos espectaculares y otras de momentos difíciles, de momentos de quebrantos, de momentos de ganas de llorar, de ganas de no seguir caminando, y yo creo que allí está la clave de tu poder llegar lejos. De que cuando esos momentos lleguen, que van a llegar, tomarlos con fuerza y seguir caminando. A mi me decía un amigo "hay que seguir caminando, aunque sea llorando, pero no te detengas porque si te detienes es cuando todo el mundo te pasa por a lado y no te das cuenta y que el tiempo pasa rápido y la vida pasa rápido". Como bien dice Carlos (Vives) "El tiempo de Dios es perfecto", yo creo que el sacrificio siempre trae consecuencias positivas.

♦ SOFÍA REYES

Sofía ha tenido una gran proyección internacional alcanzando números logros, éxitos y colaboraciones. Ha sido ganadora de premios importantes como los Grammys y Los 40 Principales. Ha colaborado con artistas como Anitta, Rita Ora, Jason Derulo, Piso 21 y Michael Bublé. Ha aparecido en revistas como Vogue, Rolling Stone, Forbes, Times Magazine y Cosmopolitan. Sofía sacó una canción con Michael Bublé llamada "Gotta Be Patience" (Hay que ser pacientes) y nos habla sobre la importancia de la paciencia para lograr el éxito.

—**Ari Global:** Esta canción con Michael Bublé es espectacular, "*Gotta be patient*" (hay que ser pacientes),¿A qué te refieres con que debemos ser pacientes?

—**Sofía Reyes:** La paciencia es todo y todo llega a su momento. Claro que no te vas a quedar en el sillón esperando a que las cosas lleguen. Hay que esforzarse y todo llegará en su momento, a la vez que disfrutas cada cosita. Igual con la pandemia, no sabíamos cuánto tiempo iba a durar, no estaba bajo nuestro control. Entonces yo creo que la canción habla de eso, de ser simplemente pacientes.

◆   OSCAR DE LEÓN

El Sonero del mundo nos ha regalado más décadas de puro sabor y como siempre dice "*¡Sabrosooo!*". Ha sido un gran honor poder realizar esta entrevista con unos de los máximos exponentes de la salsa en toda la historia. Ha sido honrado con muchos premios y reconocimientos muy importantes internacionalmente, inclusive fue el primer venezolano en obtener un Grammy anglo y es conocido como el mejor sonero del mundo. Sin duda alguna es un hombre que ha dejado huellas a lo largo de su carrera, tanto así que hasta en Nueva York el 15 de marzo se celebra el Día de Oscar D 'león y en California el 14 de mayo. Ha sacado alrededor de 60 discos a lo largo de su carrera. Ha logrado muchos éxitos a pesar de que empezó su carrera relativamente tarde a los 28 años de edad y con muy pocos recursos. Antes de ser cantante fue taxista y le demostró al mundo que todo los sueños se pueden lograr y que no existen limites. En esta entrevista estuvimos hablando un poco de lo que ha sido su carrera y que una de las claves es tener paciencia.

—**Ari Global:** Antes de lanzarte a artista eras taxista, tengo entendido, y mecánico. Hoy en día mucha gente puede tener limitaciones y pensar "ya no tengo la edad para lograr un sueño, o no tengo los recursos económicos" Cuéntanos un poco sobre tu historia.¿Qué mensaje le quisieras dar a algunas personas que tienen límites en la cabeza y que no se atreven a avanzar para cumplir sus sueños?

—**Oscar De León:** Que no se achicopale. Siempre hay que tener un espíritu de fuerza y positivo todo el tiempo. No esperes que las cosas van a suceder inmediatamente que las quieres, se tardan un tiempo porque la vida es sabia, ella te da lo que tú quieres cuando la vida quiere dártelo. Hay que saber esperar, tener paciencia. Yo hice las veces de mecánico, pero no profesional ni como negocio, yo hacía mi mecánica para mí, para mi carro, y taxista estuve dos años hasta el día que llegó y se montó un amigo mío de los que trabajó conmigo en la General Motors, desde Caricuao una noche, casi a medianoche, yo lo monté en Caricuao y veníamos hablando y él elogia de repente a mi carro y me decía "oye tienes el carro bien bonito… y tienes esto…" y a cada rato me decía lo del carro y bueno lo cierto es que hablamos tanto que cuando llegamos a El Silencio, y lo dejé en la esquina de la plaza Miranda, de la plaza arriba, cuando llegué al punto de volver a cargar otra vez me dije; "yo no voy a cargar, yo me voy a dormir", y desde ese punto que es donde está el Cine Metropolitano, ahí cerca hay un cruce de carros, uno que va a la avenida San Martín y otro que va hacia la Plaza O'leary, en toda esa esquina Bum! ¡Me dieron un choque! Me dieron un choque a mi carro, me lo desgraciaron, me desgraciaron mi carro que tenía comentarios tan bonitos: "tú si tienes tu carro bonito", tú si tienes tu carro chévere" Y bueno hasta ahí llegó el carro, yo tengo una frase para eso pero no la puedo decir porque (risas), que me enseñó mi madre!

♦ LLANE

Es un cantante y compositor colombiano de pop latino y reggaeton quien se dio a conocer por formar parte del exitoso grupo Piso 21, que después de debutar como solista contó con millones views a sus canciones. Muchos no lo saben pero lamentablemente perdió a sus padres de joven y ha logrado salir adelante con todo. En la entrevista nos dice que aparte de que es importante ser positivo debemos tener paciencia.

—**Ari Global:** Antes de cantar como solista formaste parte del grupo Piso 21. ¿Cuál ha sido tu mayor reto al cantar como solista?

—**Llane:** Yo estoy aprendiendo a ser solista, todo es un reto para mí hoy en día, todo es un reto pero yo tengo la disposición de aprender rápido y enfrentarme a todo sin miedo para lograr el objetivo. Soy muy positivo, he aprendido a tener paciencia, adaptarme rápido al cambio.

INVIERTE EN
TI MISMO

Si quieres crecer en cualquier aspecto de tu vida es fundamental que inviertas en ti. Si quieres ser el mejor estilista del mundo, la mejor entrevistadora, tener el mejor negocio, la mejor tenista, es fundamental que inviertas en ti.

Hay miles de maneras de invertir en uno. Por ejemplo, haz cursos relacionados a tu profesión, mira videos en YouTube donde den consejos sobre esos temas que te gustan, invierte en tu imagen, lee libros, asiste a conferencias, participa en actividades, viaja, conoce nuevos lugares, haz cosas que te hagan bien, rodéate de personas que te sumen.

Cuanto más inviertas en ti más posibilidades vas a tener de crecer en tu negocio o tu carrera. En cuanto más tengas conocimientos, todo crecerá con mayores posibilidades de lograr lo que propones. Tomarse tiempo para uno mismo, buscar ser mejor de lo que somos, educarnos, aprender, son formas de invertir en ti. Hay miles de maneras de invertir en uno mismo para lograr nuestras metas y objetivos.

Cuanto más cuides tu imagen personal y laboral, más potencial atractivo tendrás, para que las personas se fijen en ti y que quieran ser parte de nosotros. Nuestra imagen dice mucho de nosotros. Tan importante como la imagen es el mundo interno, que siempre debe nutrirse con las relaciones personales y haciendo actividades que te den placer. Invierte tiempo en ti para que cada día seas el mejor y puedas destacar. Ese va ser tu gran valor agregado.

El cúmulo de habilidades logradas hará que seas más atractivo para una empresa o entre los clientes. En cuanto te conviertes en la mejor versión de ti mismo más personas te buscarán y apostarán por ti.

Desarrolla tu máximo potencial. Una buena inversión también es tener un mentor que te ayude y te guíe a crecer. Date importancia y empieza a invertir en ti. Debemos estar constantemente invirtiendo en nosotros para que cada día podamos crecer más.

Si quieres transformar tu vida debes empezar a invertir en ti al 100 x 100.

• •

ENTREVISTAS A CELEBRIDADES EN "ARI GLOBAL SHOW" SOBRE LA IMPORTANCIA DE INVERTIR EN TI .

• •

♦ LEILA COBO

Tuve el honor de tener como invitada en una entrevista a la vicepresidente de música latina de Billboard, que es también una reconocida periodista, escritora, y autora del maravilloso libro "Decoding Despacito: la fórmula Despacito". En este libro comparte las historias desconocidas y los secretos de los más grandes hits de estrellas como José Feliciano, JBalvin, Marc Anthony, Juan Luis Guerra, Ricky Martin, Shakira, Daddy Yankee y Luis Fonsi. Habla sobre las canciones que han transformado la cultura latina y que han marcado historia internacionalmente. Leila ha trabajado con muchos artistas a lo largo de toda su carrera y nos cuenta que una de las claves para llegar al éxito es trabajar mucho. Cuando uno trabaja mucho en lo suyo es una forma de inversión en uno mismo sabiendo que hay que seguir luchando a pesar de todos los obstáculos.

—**Ari Global:** Durante tu carrera has trabajado con muchísimos artistas, pero son pocos los que llegan al éxito y se mantienen a lo largo del tiempo ¿Cuáles son esas cualidades que dirías que representan a todos estos artistas que han mantenido ese éxito durante mucho tiempo?

—**Leila Cobo:** Primero que todo, trabajan muy duro, quizás no parece serlo pero creeme que detrás de esto hay muchas horas de trabajo, de persistencia, de insistencia y realmente como que no hay descanso. Yo creo que eso primero que todo, y lo segundo es que todos han hecho algo muy original, creo que si hay un hilo conductor en todas estas canciones es que en su momento no había ninguna canción parecida, todas eran *groundbreaking*, una canción bilingüe en español, una canción de un tipo cantando una canción en español con un cantante *country*, eso nunca había pasado. A la vez es importante invertir en uno mismo para seguir creciendo.

—**Ari Global:** Es decir, ser original, ser diferente es lo que marca la diferencia, con talento por supuesto, y lo que dices sobre la persistencia, trabajar duro .

—**Leila Cobo:** Y que sepan tomar el *no* porque él no llega mucho más que el *sí*.

◆ OMAR CHAPARRO

Me tocó entrevistar dos veces al actor mexicano Omar Chaparro. Mi entrevista, por fortuna llegó al millón de visitas y se convirtió en una de las más vistas sobre " No manches Frida". A la vez esta película se convirtió en el segundo debut en la historia del cine mexicano. También lo entrevisté para la película "Todos caen" junto a Martha Higaredo. Omar nos cuenta que es importante invertir en nosotros mismos y que eso cambiará la manera en que las otras personas nos perciben.

—**Ari Global:** Hay una frase que dice "te tratan como basura si te sientes como basura". ¿Qué piensan de eso?

—**Omar Chaparro:** Es totalmente cierto. Tiene que ver mucho con cuál es tu monólogo interior, que tú tienes, qué te dices a ti mismo, también por eso cuando estoy con mis estrategias tratando de guiar a mi mejor amigo le digo: "Grábatelo en la cabeza, tú eres un 12, tú no eres un 6 o un 7, tú eres un doce!" y para eso tienes que creerlo.

◆ TYLER PERRY

Llegó a convertirse como el hombre mejor pagado del mundo del entretenimiento según Forbes. También ha creado una fortuna a través de su propia compañía. Nos dice que lo más importante es ser tu propio dueño y crear tu propio negocio sin depender de otros.

—**Ari Global:** Apareciste en la revista Forbes como el hombre mejor pagado de la industria. ¿Cuál es la clave para ser exitoso?

—Tyler Perry : Tener tu propia empresa es la clave para cambiar todo, porque puedes ser actor y recibir tu paga, termina tu contrato y tienes que esperar al próximo. Si eres el dueño del producto, de tu película, trabajas para ti mismo a lo largo del proceso, para mí esa es la clave del éxito.

♦ INGRID MACHER

Es una de las mujeres hispanas más influyentes en temas de nutrición . Ella transformó su vida por completo, logró reinventarse y ayudar a cientos de personas con su testimonio. Ella pasó de ser una persona que tenía problemas de sobrepeso y estar prácticamente en la quiebra a convertirse en una persona saludable y exitosa con una página web donde hoy en día tiene millones de suscriptores que la visitan diariamente " Fabulosa y fit". Podemos decir que ella es un gran ejemplo de superación y que nos muestra que si de verdad queremos algo en nuestra vida podemos conseguirlo.

—Ari Global: Tengo entendido que los alimentos afectan mucho nuestro estado de ánimo. Cuando tenías esas 50 libras de más ¿Cómo describirías tu estado de ánimo antes y ahora que estás saludable, que estás y en forma?

—Ingrid Macher: Tengo que confesar que cuando yo era gordita era una gordita feliz, yo no era una mujer que había sido obesa toda la vida, vengo de una familia donde todas las mujeres de mi familia son obesas, pero yo no lo era. En esa transición de tiempo yo me sentía feliz, pero en el momento en que esa gordura empezó a afectar mi salud mi vida cambió totalmente ya que no se siente bien estar en una cama, no se siente bien no poder respirar, no se siente bien que te digan después de que cambias tu estilo de vida, comienzas a vivir una vida en pro del *fitness* que te digan "tienes cáncer", no se siente bien, es un golpe, es un golpe duro, es como cuando estás haciendo la clase de kickboxing y al maestro se le va la mano y te da un *punch* y te tumba. Y cuándo estás viviendo ese proceso con el cáncer no se siente bien porque tienes que olvidarte de todo lo que aprendiste y volver a comenzar.

—**Ari Global:** Empezar de "0"

—**Ingrid Macher:** Pero ahí vienen los desiertos que hablábamos. Si estás pasando un momento de depresión, porque muchas mujeres se sienten emocionalmente estancadas en este momento, emocionalmente derrotadas, yo quiero decirte que hoy puedes decidir cómo sentirte, hoy puedes quedarte ahí sentada llorando y siendo un víctima, dándote palmaditas en la espalda, o hoy puedes decir "sabes que me acuerdo que yo soy hija de un rey, me acuerdo que por mi sangre corre realeza, me acuerdo que Dios ya me dotó con todo y hoy me levanto, y aunque haya dificultad hago lo que tengo que hacer, y hoy me veo como esa mujer que lo puede lograr, porque quizás hoy no tengo trabajo, pero Dios ya lo tiene ahí, Él ya está listo para abrirme la puerta, Él lo único que necesita es que yo me levante y me ponga a trabajar, y que tenga la actitud de pensar que soy una mujer que vive en victoria.

♦ JUSTIN QUILES

Es uno de los cantantes y compositores de reggaetón más exitosos de la industria. El ha trabajado con artistas más sonados como Maluma, J Balvin, Becky G, Nicky Jam, Manuel Turizo, Natti Natasha, Anitta y Farruko . Nos habla de la importancia de vencer el miedo cuidando tu salud mental.

—**Ari Global:** De joven en tu familia experimentaste un poco de violencia doméstica.¿Qué le podrías recomendar a las personas que son víctimas de la violencia?

—**Justin Quiles:** Tienen que salir de ese círculo, obviamente, tienen que abandonar el miedo. Mi mamá me contaba cosas como que tenía miedo de salir de la casa, pero tienes que tomar la iniciativa, largarte y alejarte de ese círculo donde estás, es el primer paso. De ahí buscar ayuda, hay muchos lugares donde te ayudan, tal vez ir a un psicólogo, la gente piensa que eso es de locos, pero eso no es de locos. Uno a veces necesita hablar con una persona, expresarse para que uno pueda salir de esos pensamientos negativos. No hay nada imposible, hay que echarle ganas a la vida, echar para adelante. Pitbull me dijo un día: "no hay problemas solo soluciones."

LA INTUICIÓN, NUESTRA VOZ INTERNA

La intuición es como una sensación que nos indica hacia dónde debemos avanzar. Nos viene a la cabeza cuando queremos tomar una decisión sobre algo más allá de la lógica. Nos sirve de clave para alcanzar metas en nuestra vida, por mucho que la lógica diga lo contrario. El "mirar hacia dentro" nos dará una guía al momento de elegir.

La intuición es esa voz interna que siempre sabe cual es el camino correcto, es esa voz que aunque no sepa el por qué y el cómo, nos da la comprensión casi inmediata del camino correcto, ayudándonos a percibir o reconocer oportunidades, ideas o proyectos. Si de verdad la escuchamos nos damos cuenta de que estábamos en lo correcto, y a veces cuando la ignoramos es cuando cometemos errores. Muchas veces el mundo y la razón te dirán que tienes que escoger el camino izquierdo, pero dentro, tu alma intuye que es el camino derecho, o viceversa. Por mucho que haya una barrera enorme y obstáculos, si sigues tu intuición al final del día te darás cuenta de que siempre debemos hacerle caso a nuestra intuición.

Hay veces que muchas personas se dejan llevar por la lógica, por la razón, por la costumbre o por lo fácil. Pero realmente a veces hay que dar un salto de fe y atrevernos a lo desconocido siguiendo esa voz que tanto desea guiarnos por ese camino. A la racionalidad excesiva a veces le cuesta entender y si nos apegamos solo a la lógica, pondremos mil obstáculos al por qué no debemos hacer las cosas, pero para ello debemos silenciar nuestra mente, escuchar nuestra voz y aprender a confiar.

La intuición es la que nos impulsa a seguir y alcanzar cualquier meta por mucho que se vea imposible. Es la que nos ayuda a conseguir nuevas oportunidades y transformar nuestras vidas.

La intuición es un súper poder, más allá de todo lo visible, si aprendiéramos a escucharla y reconocerla, entenderíamos que no hay nada ni nadie que nos pueda detener o impedir que alcancemos lo que queremos, bien sea un éxito profesional, una relación amorosa, cambiar nuestra situación economía, etc. Es una especie de GPS interior que nos guía para que podamos conseguir todo lo que deseamos: si realmente la escuchamos llegaremos a nuestro destino final.

Así que si quieres transformar tu vida sigue tu intuición al 100x100 para llegar a la cima de tus sueños .

. . . .

ENTREVISTAS A CELEBRIDADES EN "ARI GLOBAL SHOW" SOBRE LA IMPORTANCIA DE SEGUIR NUESTRA INTUICIÓN.

. . . .

◆ CHOCQUIBTOWN

La talentosa agrupación Chocquibtown nos muestra cómo todos los sueños realmente pueden ser posibles. Sus integrantes nos explican que llegaron a ser los ganadores del Latin Grammy viniendo de una región bastante humilde en Colombia. Nos hablan sobre la importancia de seguir la intuición y mucho más.

—**Ari Global:** ¿Cómo describirían su proceso desde sus inicios? ¿Cómo se han ido dando a conocer hasta obtener un Latin Grammy?

—**Chocquibtown:** El proceso yo creo que ha sido ché-vere, como ir haciendo todo paso por paso, hacer nuestra música, nuestras apuestas, conocer gente que nos ha dado buenos consejos, ser fieles a lo que queremos, obviamente escuchar mucho a nuestro equipo, a la gente que está al-rededor de nosotros, pero tener también la intuición y el deseo de ser lo más sinceros posibles con lo que queremos en cada momento.

◆ GIAN MARCO

Tuve el honor de entrevistar a Gian Marco con más de 30 años de carrera artística, 18 álbumes, y un sinnúmero de pre-mios y galardones, como por ejemplo tres Latin Grammys. Sus composiciones han formado parte de los grandes éxitos de artistas como Marc Anthony, Gloria Estefan, Alejandro

Fernández, Diego Torres y Diego Fonseca. Adicionalmente ha sido nombrado "Embajador de Buena Voluntad" de UNICEF. Por lo que podemos decir que además de ser uno de los cantautores más prolíficos ha logrado un gran nivel de reconocimiento internacional. Gian Marco nos habla de la importancia de seguir la intuición.

—**Ari Global:** Uno de tus últimos álbumes se llama "Intuición" . ¿Qué es la intuición para ti a la hora de tomar decisiones, a la hora de hacer música?.

—**Gian Marco:** Yo creo que la intuición es lo que ha llevado a mi carrera al lugar donde estoy, habiendo arriesgado y también habiendo dejado de hacer cosas que tal vez debí hacer, pero todo tiene una razón de ser. La intuición fue la posibilidad de saber elegir, saber equivocarme.

♦ ALEX FERNÁNDEZ

Es el nieto del mayor representante de las rancheras a nivel mundial, Vicente Fernández e hijo de Alejandro Fernández. Nos cuenta cuál fue el mejor consejo que le dieron tanto su abuelo como su padre. Alex Fernández es el ejemplo de una persona que enfrenta situaciones que lo pueden llevar por caminos distintos, que todo el mundo puede decirte que eso no funcionará, pero al final tienes que seguir tu intuición para que las cosas se den.

—**Ari Global:** Vicente Fernández, tu abuelo, es considerado uno de los mayores representantes de la música ranchera y luego le sigue Alejandro Fernández, tu padre. ¿Cómo te sientes siguiéndole los pasos a tu familia para representar la música ranchera?

—**Alex Fernández :** Para mí es un orgullo, es un gran honor poder seguir con esta gran dinastía. A mí siempre me ha gustado la música mexicana, música con mariachis, incluso al principio cuando mucha gente me aconsejaba no dedicarme a las rancheras, que ya ese género no estaba pegando, que ya había pasado de moda, que las nuevas generaciones no estaban metidas en esto, a mi no me importó. Mi abuelo me apoyó y yo quise irme por este género. Sony nos apoyó a lo último también, le apostó y pues gracias a Dios nos ha ido muy bien. Nuestro objetivo es llevar la música mexicana a todo el mundo, pero en especial a las nuevas generaciones que han perdido esa esencia.

♦ RUGGERO

Empezó su carrera en "Factor X", quedando seleccionado entre 80 mil personas. Nos cuenta que en el camino siempre habrá personas que te dirán que no puedes o que te impidan avanzar pero al final es importante escuchar a tu corazón. También participó en series de Disney y llegó a estar en el puesto número 1 de muchas radios en Latinoamérica.

—**Ari Global**: Qué increíble que siempre van a aparecer personas que te van a decir que no, que no van a creer en ti y que te pueden desmotivar, sin embargo, tú te escuchaste y tú seguiste.

—**Ruggero**: Yo sabía que yo quería hacer eso, era una oportunidad. El profesor de mi escuela me había dicho "no vayas, ¿para qué vas a Factor X?" pero sin embargo fui.

—**Ari Global:** Claro, pero eso siempre va a suceder y qué bueno que escuchaste a tu intuición y a tu pasión.

—**Ruggero:** Y también a mis padres que me dijeron "que no te importe nada, da igual." Justo ahora que estamos hablando de "X Factor", que nunca hablé tanto de esa experiencia en los últimos años. Fue una experiencia real gracias a mis padres que me acompañaron en todo eso, aunque ellos tampoco creían que entre 80 mil personas me iban a elegir.

—**Ari Global:** Bueno, ¡me imagino que uno no se lo cree que pueda tener la oportunidad de quedar entre 80 mil personas!

—**Ruggero**: Hay un porcentaje muy pequeño que llega. Pero bueno, me tocó y fue muy lindo, y fue la experiencia que me trajo a hablar también con vos y vivir 8 años en Argentina y todas las cosas buenas.

♦ LAS VILLAS

Las mellizas colombianas andan conquistando la industria de la música con un estilo único, original, versátil y diferente. Ellas empezaron haciendo *covers* y ahora cuentan con millones de views con sus videos en YouTube. Su música refleja una variedad de culturas, desde la colombiana, asiática, española, y uno de los primeros artistas que les abrió la puerta fue Tainy. Ellas han trabajado con Miky Woodz, Beéle y Kevvo. Nos hablan sobre lo importante que es seguir la intuición.

—**Ari Global:** ¿Ustedes siguen más la razón o siguen la intuición?

—**Lucía:** Yo creo que soy 100% sentimientos, soy muy sensible, así soy yo. Yo sigo mucho mi intuición.

—**Laura:** Yo siento que hay un balance. He tenido momentos en los que me he llevado mucho por la intuición, por el corazón y por el desenfreno, pero hay momentos en los que la razón me frena muy duro porque yo pienso mucho y a veces mi mente me gobierna, y me frena, y me gana a veces, pero creo que hoy en día he podido mantener un balance en ambas cosas. Entonces es aprender después de haber estado en ambos extremos, no es solo lo pasional ni sólo lo racional.

♦ GUSTAVO AGUADO (GUACO)

Gustavo Aguado es el fundador de la legendaria agrupación venezolana "Guaco", ganadora de múltiples Grammys y que ha realizado más de 50 producciones discográficas. Tienen una larga carrera musical y son conocidos como "La superbanda de Venezuela". Aguado nos habla de la intuición y la inconformidad como clave para evolucionar.

—**Ari Global:** ¿Cómo describirías la evolución de tus inicios hasta el día de hoy? Estabas comentando que empezaron con las gaitas, pero esos ritmos, esos sonidos han ido evolucionando, han ido cambiando ¿Cómo describirías esa evolución desde sus inicios hasta ahora?

—**Gustavo Aguado:** Todo se basa en la inconformidad, no nos conformamos con lo que estábamos haciendo, empezamos haciendo gaitas, cogimos esta ruta, la fuimos perfeccionando y como íbamos creciendo se amalgamó este concepto, que podemos hacer cualquier cosa. Guaco puede hacer cualquier cosa, hemos grabado cualquier tipo de cosas y nuestras influencias son muy variadas, jazz, rock, hemos hecho de todo. Con este tema navegamos un poquito con la música urbana porque la música urbana tiene sus códigos, pero nosotros la tratamos de otra forma, adquiere una sonoridad, tiene su perfil por ahí de la música urbana pero muy venezolana, muy "Guaqueada".

LA MEJOR VERSIÓN DE TI COMIENZA POR SER TÚ MISMO

No dejes que la vida pase sin convertirte en tu mejor versión, estamos todos aquí para aprender, evolucionar y crecer como personas. Siempre tenemos ante nosotros la opción de evolucionar o repetir lo mismo, si decides seguir repitiendo los mismos errores y no aprendes de esas lecciones que te da la vida, esos mismos errores se seguirán repitiendo una y otra vez. Todos los días que te levantas tienes la oportunidad de ser la mejor versión de ti, cada segundo puedes empezar de nuevo, así que no esperes hasta mañana para hacerlo ¡Empieza HOY!

La competencia nunca está fuera, la única competencia que tienes eres tú mismo. Así que toma acciones todos los días que te ayuden a superarte como persona.

Para convertirte en tu mejor versión hay varias cosas que puedes hacer: además de aprender de tus errores, cambiar los malos hábitos, dar el cien por cien de ti, comprometerte a ser puntual, seguir tus pasiones, valorar lo que tienes, vivir en el presente, tener fe, contar con un propósito, tomar decisiones que te hagan feliz.

Sin embargo, una de las claves para poder convertirte en tu mejor versión es ser uno mismo. Saber lo que somos, amar y aceptar nuestras habilidades e imperfecciones nos hace únicos. Atrévete a ser tú mismo y potencia todo lo bueno que hay en tí y verás que hasta aquello que considerabas defectos son atributos que otros admiran.

Muchas veces las personas tienden a tener miedo por ser diferentes, pero lo que no saben es que esas diferencias les hará sobresalir entre la multitud. Hay veces que uno deja de hacer cosas por el qué dirán, por miedo a la crítica o por el deseo de encajar e integrarse según los estereotipos que la sociedad ha establecido. Nunca se debería dejar de ser quien es por complacer a otros. Recuerda que nadie ni nada en este planeta es perfecto y en la mal llamada imperfección también hay belleza.

Además cuando eres tú mismo, nada te limita, eres auténtico, eres original, logras atraer nuevas oportunidades que encajan con tu personalidad. Cuando eres tú mismo, las personas también se conectarán más contigo ya que sentirán cuando eres sincero o cuando estás fingiendo. Energéticamente se siente cuando una persona es honesta o cuando está transmitiendo algo que viene desde el corazón. No hay nada más gratificante que uno se pueda rodear de personas y circunstancias donde uno pueda expresarse libremente ya que, cuando se percibe la insinceridad, se encienden las alarmas.

Sé valiente, si mejoras la forma en la que vives cada día mejorará tu vida, cada paso que des en el presente será lo que te llevará a estar en un lugar anhelado en el futuro. Conócete a ti mismo, deja los miedos y supera cada obstáculo que tengas en la vida con amor, fe y esperanza.

Cuando eres tú mismo, haces lo que amas y al hacer las cosas que amas empezarás a convertirte en tu mejor versión. Así que si quieres transformar tu vida al 100x100 recuerda que tu mejor versión está dentro de ti.

• •

ENTREVISTAS A CELEBRIDADES EN "ARI GLOBAL SHOW" SOBRE LA IMPORTANCIA DE SER TU MEJOR VERSIÓN.

• •

♦ VALENTINO

Es un artista quien ha logrado que muchas de sus canciones sean tendencia en distintos países como por ejemplo la canción 'Bésame 'alcanzó más de 178 millones de views. Otras canciones que se hicieron virales fueron : "'Tú y Yo" junto a Nicky Jam y Justin Quiles, "Cosita" junto a Sech Lenny Tavarez y Dallex, o "Loco Remix" con Farruko. Nos habla sobre la importancia de siempre de ser uno mismo para uno convertirte en tu mejor versióni.

—**Ari Global:** Algo que he visto, que me encanta y quiero mencionarlo, es un eslogan que has estado usando: #myself ¿Por qué es importante para ti esa palabra y qué quieres mostrarle al mundo sobre #myself?

—**Valentino:** *Myself* es "Yo mismo", es nunca dejar de ser tú como persona, yo soy yo mismo, el mismo chamaquito de Santurce Puerto Rico, de dónde salí del barrio con la crianza que me dio mi madre, con los pies en la tierra, no importa como tú estés, si estás arriba mañana puedes estar en el piso. Lo importante es ser tú mismo y mantenerte y ayudar a los demás. Lo más importante de esto es llevar un buen mensaje, hacer feliz a las personas, llevar alegría al mundo, sobre todo obrar bien y no mirar a quién. Para mí eso es lo más importante y yo creo que me identifico mucho y entiendo mucho de la vida. Sé tú mismo para convertirte en la mejor versión de ti.

◆ BEATRIZ LUENGO

Es una exitosa cantante y actriz española que se ha convertido en un gran ejemplo de influencia e inspiración en la industria del entretenimiento. Es considerada una de las cantantes madrileñas más internacionales, fue nominada al Grammy Latino en 2012 y 2018 con sus dos últimos álbumes al Mejor Álbum Pop Contemporáneo, y es ganadora del Grammy Americano por escribir el disco *A quien quiera escuchar* de Ricky Martin ha trabajado además con estrellas como Jennifer López, Ozuna y Daddy Yankee. Desde muy pequeña ella ha estado trabajando en el mundo del entretenimiento y se dio a conocer como voz principal de "UPA dance". Ella nos dice que lo más importante es ser uno mismo para convertirnos en nuestra mejor versión.

—**Ari Global:** Hay una frase que compartiste de Oscar Wilde recientemente en uno de tus post que me encantó y que dice "Sé tú mismo, los demás puestos están ocupados". ¿Qué tan importante para ti es ser uno mismo?

—**Beatriz Luengo:** Bueno pues es lo más importante. Cada vez que me pregunta una chica: "Estoy empezando mi carrera, ¿Cómo hago?, dame un consejo". Yo le respondo: "Mira, lo que te puedo decir es que hagas lo que sientas". Yo he tenido grandes oportunidades en mi carrera, triunfé en Francia con un sello muy pequeño, firmé en Sony EEUU, es decir, he tenido diferentes situaciones de gente que ha estado a mi lado y ha confiado en mí, pero siempre yo he sido la cabeza de mi proyecto, la promotora de lo que yo quería y por eso es que todas las etapas han sido útiles para mí. Yo creo que lo que no sirve es que te digan que te pareces a algo que ya existe, es un error, lo he visto constantemente en la industria. Por lo que hay que enfocarse cada día en uno para convertirse en la mejor versión.

♦ YUDY ARIAS

Es una exitosa presentadora, modelo, cantante, empresaria y una de las más buscadas y reconocidas instructoras de yoga en Estados Unidos. Una de las grandes cualidades que tiene es que gran parte de su tiempo lo dedica a ayudar a otros a crecer personalmente y profesionalmente. Muchos la conocen por ser la tía de Maluma. Ella fue una de las personas que ayudó a que Maluma tuviera éxito en su carrera, y una de las cosas que nos enseña es que para nosotros ser nuestra mejor versión no tenemos que ser perfectos.

—**Ari Global:** Hablemos de la frase que has estado usando últimamente: "You Are Perfect", "tú eres perfecto" ¿Cuál es la definición de ser perfecto para ti?.

—**Yudy Arias:** Ser perfecto para mi es lo no perfecto, o sea yo necesito que el planeta entienda que cada uno tiene una belleza única, que todos los seres humanos tenemos un talento, y me motiva mucho hablar de esto. La mayoría de las personas se mueren como con su cajita de música sin sonar, entonces me parece súper triste y yo siento que tenemos que olvidarnos primero de la perfección, porque como somos, somos perfectos. Y de esta manera siendo uno mismo uno puede llegar muy lejos.

—**Ari Global:** El reto está en ser diferente, ser único, ser auténtico.

—**Yudy Arias:** Tu belleza es tuya, es única, no es de nadie más. Tú eres perfecto así con esas cosas y yo siento que eso al ser humano se le ha olvidado.

♦ ROSA SALAZAR

Tuve la oportunidad de entrevistar a Rosa Salazar por su participación en la exitosa película "Alita: Battle Angel", que recaudó más de 404 millones de dólares y que nos dice que todos tenemos un héroe dentro de nosotros mismos.

—**Ari global:** "Alita" va a revelar su pasado y va a descubrir su destino. ¿Cuál es el propósito de esta historia?.

—**Rosa Salazar:** Demostrarle a la gente que dentro de nosotros hay un héroe, que dentro de cada uno hay capacidades extraordinarias. Sólo hace falta emprender ese camino, ese camino de autodescubrimiento, descubrir internamente quienes somos realmente.

♦ DAVID HARBOUR

Es un actor estadounidense que ha trabajado en cine, televisión y teatro. Famoso por su papel en la serie original de Netflix, *Stranger Things*. Y tuve la oportunidad de entrevistarlo para la película "Hellboy". En el camino siempre va a haber gente que quiere cambiarte, entonces uno tiene que luchar entre lo que dicen los demás o ser realmente uno mismo .

—**Ari Global:** ¿Puedes describir la paradoja por la cuál Hellboy debe atravesar entre su conciencia y su destino?

—**David:** Él está destinado casi genéticamente para lograr el fin del mundo, para destruir a todos los seres humanos, destruir la humanidad, pero en el fondo de su corazón sabe que algo no está bien y que debe hacer las cosas diferente. Así que es gracioso porque tiene personas a su alrededor y está la paradoja que hablábamos antes, por ejemplo, su padre quiere que sea él mismo, pero al mismo tiempo le ayuda a recortar sus cuernos. Entonces hay una paradoja real ¿Quieres que sea yo mismo? ¿Es mi naturaleza ser un demonio o soy un humano?

◆ JUAN MIGUEL

Es un talentoso cantante, compositor y productor venezolano que sigue escalando posiciones en la música a nivel internacional con una brillante carrera la cual ha sido reconocida por la academia Latin Grammys. También ha trabajado con grandes artistas de la industria como Yandel, Jerry Rivera, Guaco, Eddy Herrera, Sixto Rein, La Melodía Perfecta y también tiene su propio sello musical JM Music. Nos cuenta que una de las mejores maneras para uno convertirse en la mejor versión de ti es reinventarse.

—**Ari Global:** Una de las claves es reinventarse, reinventarse todo el tiempo, seguir, no quedarse en lo mismo, reinventarse y seguir con nuevos retos.

—**Juan Miguel:** Totalmente, es una obligación, qué aburrido es quedarse todo el tiempo en lo mismo o "mira ya logré esto en mi carrera, en base a esto logrado voy a vivir el resto de mi vida", no, no, no, hay que seguir buscando, vamos a hacer más música, vamos a hacer música con más artistas, vamos a buscar otros países. Todos los días tienes la oportunidad de convertirte en la mejor versión. A mi me encanta eso, yo creo que es una obligación del ser humano porque el día de mañana ¿qué vas a contar? Porque si no te atreves, si no te lanza ¿a quién le vas a contar qué? Así con el pecho hinchado "yo pude hacer esto o intenté hacer esto, logré esto " Esas cosas te llenan porque la competencia es siempre interna, con nosotros mismos ¿Qué estoy dispuesto a hacer?.

♦ SUPER BOWL

Uno de los más grandes logros que he tenido fue poder entrevistar a los jugadores del Super Bowl 2019 de los equipos finalistas 49ers y Kansas City Chiefs . Antes de que comenzara el juego decidí pedirles a los jugadores del equipo que nos dieran un consejo sobre cómo lograr cualquier objetivo y todos tenían mucha claridad, convicción y seguridad sobre las cosas que deseaban.

Algunos de los consejos que más se me quedaron grabados fueron: todo se trata de la mentalidad y de nuestra mente. En todos los aspectos, sé siempre lo mejor de ti mismo. Se aplica a todo lo que deseas, nunca renuncies a tus sueños, pon tus sueños en alto y hazlos. Tienes que creer en ti mismo. Evitar distracciones. Siempre persevera a través de tus fracasos. Haz grandes sacrificios. Necesitas tener una sólida ética de trabajo. Mantén la persistencia, mantén la consistencia. Realmente necesitas ser muy intencional con lo que quieres. Confía en las personas que confían en ti. Sé disciplinado.

No aceptes un no por respuesta. Nunca dudes. Aprovecha al máximo las oportunidades. Trabaja muy duro. Manténte enfocado. Nunca compares tu éxito con el de otra persona. Aprenda de sus fracasos. Confía en tu capacidad en la vida. Tener fe y seguir luchando. Tienes que querer alcanzar tus metas más de lo que quieres respirar. Tienes que ser diligente. Sé apasionado. Nunca dejes que nadie te diga que tus sueños son demasiado grandes. Y nunca, nunca te rindas.

—**Kwon Alexander:** Un consejo para alcanzar tus metas es cuerpo y mente. Tienes que tener la mente en el lugar indicado, si escuchas tu mente puedes hacer cualquier cosa.

—**Solomon Thomas:** Tienes que ser siempre tu mejor versión en todos los aspectos de la vida, sé lo mejor que puedas ser en todos los aspectos, ya sea en el colegio, deportes, familia o los amigos. Siempre trabaja en ser mejor persona, pasando por cualquier adversidad, cualquier problema, siempre tienes que trabajar en ser tu mejor versión.

—**Arik Armstead:** Nunca renuncies a tus sueños, nunca dejes que nadie te diga que no puedes hacer algo. Establece sueños altos y ve por ellos. Va a tomar mucho sacrificio conquistar tus sueños pero va a valer la pena al final.

—**Jimmy Garoppolo:** ¿Cómo ser exitoso? Trabaja duro, mantente concentrado y diviértete.

—**Mecole Hardman:** El mejor consejo para ser exitoso es creer en ti mismo ¿Cómo vas a esperar que otros confíen en ti si tú no crees en ti mismo? Pon tu fe primero y luego trabaja, todo pasa por una razón, las cosas no van a venir fácil, así que tienes que trabajar.

—**Trent Tylor:** Eliminando distracciones y enfocándose en ti mismo, hay muchas distracciones en el mundo y la gente se pierde en ellas, se enfocan en cosas equivocadas. La gente que sabe cómo mantenerse enfocada y que sabe cuál es la meta que desea son las personas que triunfan, esas son las personas que llegan a ser exitosas.

EVENTOS, NETWORKING Y REDES SOCIALES

Si quieres crecer en tu negocio, proyectar tu marca o aumentar tus habilidades, es importante que asistas a encuentros o eventos donde estén personas con las que compartes intereses comunes. Si eres chef, asiste a cursos o eventos donde asistan colegas para intercambiar ideas y experiencias. Si eres cantante únete a otros cantantes en proyectos conjuntos. Si eres empresario ve a almuerzos donde puedas hablar con otros empresarios. Si eres escritor asiste a presentaciones de libros de otros escritores. Es fundamental que te relaciones y salgas de tu cascarón, que vayas a cenas, almuerzos, eventos, cursos, ya que al conectarte con otros puedes intercambiar ideas, dar sugerencias o incluso puedes terminar creando algún proyecto nuevo.

El networking es una herramienta muy valiosa para el éxito, ya que te permitirá aumentar tus contactos para crecer profesional y personalmente, además de aprender en primera persona sobre distintos aspectos de tu negocio. En un mundo tan digital como el que vivimos la presencia off-line sigue siendo muy importante y puede ser un elemento diferenciador a la hora de generar nuevas oportunidades de crecimiento en tu carrera. El simple acto de socializar con otros colegas puede ayudarte a aumentar tu lista de posibles clientes.

Por su parte, las redes sociales han llegado para quedarse y te pueden ayudar a transformar por completo tu vida y tu carrera y te preguntarás, ¿cómo? Las redes sociales te pueden conectar con cientos o miles (hasta millones) de personas en cualquier parte del mundo, así que si sabemos usarlas a nuestro favor, nos pueden ayudar al crecimiento de nuestro negocio, marca o para dar a conocer nuestros talentos.

Es una de las maneras más eficientes de hacer mercadeo, de darte a conocer, expresar un punto de vista y además de todo, ¡son gratuitas! (aunque tienen ciertas funciones de pago). Se pueden emplear en casi todos los ámbitos. ¿Cuántos cantantes se dieron a conocer o renovaron su presencia ante el público porque subieron sus canciones a las plataformas digitales y se hicieron virales? La mayoría de los famosos Tiktokers empezaron en la sala de su casa creando contenido, muchos influencers que han logrado que sus videos sean virales, empezaron sin necesidad de invertir un dólar, atreviéndose a subir su contenido. Hay muchas empresas que solamente venden a través de las redes sociales y se han hecho millonarias.

Si tienes un talento o un producto único y diferenciador, este queda al alcance de todos gracias a las redes sociales. Puede llegar a hacerse viral, propulsado por el efecto multiplicador que tienen las aplicaciones, mientras más gente lo ve, a más gente le llega. Lograr esto mismo, costaría años de tiempo, esfuerzo y dinero en los medios tradicionales. Eso sí, tienes que exponerte, atreverte y quitarte el miedo al qué dirán. Es importante que siempre seas auténtico y entre más lo seas, más personas se conectarán contigo o con tu producto y voilà, estarás trabajando en eso que tanto deseabas gracias a las redes sociales.

Imagínate que quieres trabajar en la compañía de tus sueños pero no conoces a nadie, y a través de las redes sociales logras ubicar a una persona con poder de decisión y le escribes un mensaje. No tengas miedo de contactar a empresas, marcas, influencers, cantantes, u otros sitios de interés a través de las redes sociales. Muchos piensan que quizás no harán caso porque no te conocen o no tienes casi seguidores, pero la realidad es que te sorprenderás cuando veas que las personas o empresas que menos se pensaba que te iba a contestar lo hagan.

Por supuesto, el manejo de las redes sociales requiere de tiempo, dedicación, trabajo, constancia y creatividad, entre muchas cosas más. Así que si en este momento no sabes cómo empezar y quieres que tu emprendimiento tenga más éxito, es fundamental que comiences a utilizar las plataformas digitales.

Una buena estrategia de mercadeo para tus redes hará que tus ventas se incrementen o lo que quieras exponer se multiplique. Cuando inviertes en las redes sociales estas invirtiendo en ti. Tendrás mucha más exposición y es la manera más rápida de darte a conocer en comparación a la vía tradicional. Es importante también que te unas con personas que tengan el mismo interés o que busques influencers para que puedan colaborar y así ir creciendo cada vez más.

Por supuesto que todo tiene su lado positivo y su lado negativo. Es importante que te enfoques en todos los aspectos positivos de cómo puedes crecer, unirte a otras personas para transformar tu vida, y que también todo lo que compartas sea para motivar o ayudar a los demás de manera positiva.

Hay varios influencers que son famosos, pero no porque sean famosos su contenido es positivo para la sociedad. Por lo que es importante que lo que hagas o expongas sea enfocado a un contenido de valor, de credibilidad y de calidad. En cuanto más real seas y des a conocer tu negocio o tu talento, tus seguidores seguirán creciendo.

También, a través de las redes sociales como por ejemplo YouTube, encontrarás canales donde te puedes educar, buscar información, aprender y crecer. Ya no hace falta invertir miles de dólares en un curso. Si no tienes los medios o tiempo para ir de un lugar a otro para aprender, ya no hay excusas, porque puedes ver videos sobre cientos de profesiones, ser bloguera o montar tu propio show en redes, aprender un idioma, crear una compañía. En la plataforma digital existen videos donde puedes encontrar respuestas a casi todas tus preguntas. Existen un sin fin de oportunidades en las redes sociales.

Cada mundo tiene sus pro y sus contras y si los sabes utilizar inteligente de acuerdo a la ocasión, tanto el networking como las redes sociales te pueden ayudar a alcanzar más rápido tus objetivos y potenciar lo que estés haciendo al 100x100.

. . . .

ENTREVISTAS A CELEBRIDADES EN "ARI GLOBAL SHOW" SOBRE LA IMPORTANCIA DEL NETWORKING Y LAS REDES SOCIALES.

. . . .

◆ BRYTIAGO

Es uno de los máximos exponentes del trap latino. Ha trabajado con Daddy Yankee, Bad Bunny, Ozuna y Anuel. Apareció en la prestigiosa revista *Billboard* que lo posicionó entre los artistas más influyentes del trap latino. Y parte de sus grandes éxitos ha sido gracias a las plataformas digitales.

—**Ari Global:** ¿Qué le recomiendas a los artistas que no tienen el apoyo de una compañía o de alguien que lo apoye económicamente?

—**Brytiago:** Que para eso están las redes sociales, ya no hay break.

—**Ari Global:** ¿Y cuáles redes sociales recomiendas?

—**Brytiago** Instagram y Facebook, yo uso mucho Snapchat. Ya después que hagas buena música y hagas el trabajo como están las redes, ya no tienes que irte muy lejos para que la gente te vea, para que la gente te conozca. Uno tiene que buscar la manera de hacer buena música y lo que quieras hacer, porque las redes no son sólo para la música, se usan para muchas cosas, ya está la puerta abierta y uno tiene que saber cómo usarla.

♦ LYANNO

Lyano se ha convertido en una de las promesas del género urbano. Ha colaborado con grandes artistas desde Raw Alejandro, Anuel, Cazzu, Ozuna, Piso 21, Mike Towers, Lenny Tavares, Farruko y Maria Becerra. Una de sus colaboraciones más exitosas ya supera los millones de views. La canción es junto a Alex Rose, Lenny Tavarez, Cazzu y Raw Alejandro con el tema "Toda Remix". También se fue de gira junto J-Balvin en Aroiris Tour donde abrió muchas veces el concierto.

—**Ari Global:** Tengo entendido que te descubrieron por SoundCloud ¿Qué tan importante son las redes y cómo podemos usar las redes a nuestro favor? ¿Qué tan beneficiosas son las redes para salir adelante?

—**Lyanno:** Las redes son gratuitas y quién mejor que tú mismo para promocionarte. Antes quizás otros artistas no lo tuvieron tan fácil. Yo usaba al principio mucho Twitter y hubo cosas que dije o que subí que se volvieron viral, y así la gente empezó a conocerme. Luego empecé a usar Sound Cloud. Y así te puedes volver viral.

♦ ECKO

Ecko inició en el mundo de la música haciendo las competencias de batallas de rap y desde ahí su carrera fue creciendo. Sus canciones han encabezado las listas de Billboard y a la vez ha compartido con grandes artistas como Cazzu, Amenazzy y Brytiago. Sus historias de éxito son bastante inspiradoras y a la vez ambos nos cuentan lo vital que ha sido lo digital para salir adelante, aparte de todo los sacrificios que ha hecho para lograrlo.

—**Ari Global:** Vivimos en una época muy digital, en la cual siento que todos los artistas y todas las personas que están en la industria del entretenimiento necesitan la parte digital para el desarrollo y el crecimiento de los artistas ¿Qué son para ustedes las redes sociales para darse a conocer?

—**Ecko:** Fue vital, YouTube, Instagram, todo eso fue importantísimo al día de hoy, antes se vendían los discos y el artista era inalcanzable, no sabías mucho de su vida, de su día a día, solamente sabías de su vida si había un escándalo o un show de ellos. Hoy en día entras al Instagram y ves lo que está haciendo al día a día tu artista, que está escuchando, que está comiendo, te permite estar más conectado, obviamente hay que aprovecharlo para eso y para difundir un poco el mensaje en otra gente.

—**Jéssica Rodríguez**: Imagínate si los Beatles hubiesen tenido Instagram, hubiesen sido aún más grandes.

♦ ALEXA OLAVARRIA

Es una presentadora de Televisión, Influencer y una exitosa empresaria con más de 10 años de carrera en TV y la Industria del entretenimiento. Tiene más de 1 millón de seguidores en todas sus plataformas, más de 8 millones de impresiones mensuales, cuenta con su tan popular segmento digital de viaje #LasAventurasDeAlexa, Con el cual ganó el Premio como "Mejor Contenido de Viaje" en USA 2019 en Los Ángeles en los Premios Tecla Awards.

Sus plataformas están enfocadas en estilo de vida, viaje, belleza y entretenimiento. Como Influencer y embajadora de marca ha trabajado con destacadas marcas como Neutrogena, Clinique, Bang Energy, Loreal, United Airlines, Lexus, Best Buy, Amazon, Bose y Disney. Y junto a ella creamos un curso llamado Influence2Power para ayudar a las personas a potenciar sus negocios y talento en las redes sociales.

—**Ari Global:** ¿Cómo puedes llegar a la gente rápido, fácil, de una manera activa y económicamente viable, sin tener que invertir mucho? A través de las redes sociales porque todo el mundo está en el teléfono, la gente ve más el teléfono que la televisión.

— **Alexa Olavarría:** Es así, la gente se levanta, se acuesta con el celular en la mano, entonces es el momento de poder invertir. Si no lo has hecho deberías empezar. Te invito a que trabajes en tus redes sociales en todas tus plataformas y que inviertas en eso porque te va a generar dinero y va a hacer crecer tu marca.

♦ JUAN FRAN

Es un cantante y compositor español, figura revelación del género urbano es la última sensación mediática que arrasa con sus temas en las plataformas musicales y redes sociales.

—**Ari Global:** Hablemos de la canción que te ha llevado al éxito mundial, que es tu single "Como llora", que ha logrado posicionarse entre las listas más virales en más de 20 países como Argentina, Chile, El Salvador, Perú… ¿Qué significa para ti que tu música haya llegado a todos estos lugares?.

—**JuanFran:** Yo te voy a ser sincero, yo estoy aquí en esta entrevista, pero realmente estoy pensando: "¿Cómo es posible que yo sea viral en todos esos países que mencionaste? ¿Por qué? Yo me pongo a pensar muchas veces y digo: "¿Pero cómo va a ser eso? Yo que estoy en una parte del mundo y llegar a otra parte donde miles de fanáticos se conectan con mis canciones."

♦ GENTE DE ZONA

Son conocidos por la canción Bailando, junto a Enrique Iglesias por la cual se convirtió en la canción más escuchada en el mundo en ese momento. A la vez han hecho grandes colaboraciones Marc Anthony, Becky G, Chyno Miranda, Jennifer López, Thalia y Laura Pausini. Nos cuenta que el salir de fiesta es clave para el éxito.

—**Ari Global:** ¿Creen que a través de la fiesta se pueden hacer negocios?

—**Alexander Delgado:** ¡Claaaaroooo!

—**Randy Malcom:** El negocio está en la puerta de atrás de la fiesta.

—**Alex Delgado:** Es que todos los negocios se hacen en una fiesta. La mayoría de los negocios, el amor, los socios, aparecen en una fiesta. Las grandes cosas de mi vida las he descubierto en una fiesta.

♦ CAROLINA RAMÍREZ

Es conocida por su participación en las series *The Queen of the Flow* (Netflix) y *El Capo* (Telemundo), en esta ocasión me tocó entrevistarla por su actuación en la serie "De brutas, nada." Nos habla sobre la importancia de establecer buenas amistades que compartan la misma pasión.

—**Ari Global:** Los temas que trata la serie "De brutas, nada" son muchísimos. ¿Tienes alguna lección que hayas aprendido?.

—**Carolina Ramírez:** Tengo entrañables amigos mexicanos que conocí en esta serie que adoro, y que yo creo lo que nos une precisamente es el amor por lo que hacemos, el amor por el arte. Nosotros somos actores porque conseguimos esto, no como una plataforma para ser más famosos, sino porque nos gusta el arte y creemos que esto va más allá de tener millones de seguidores, es bonito para mí haberme encontrado con otros pares en otros contextos, en otros países.

♦ CNCO

Es una agrupación de chicos ganadores del *reality show* de talentos de "La Banda", producido por Simon Cowell y Ricky Martin. Sus canciones como *"Tan fácil"*, *"Quisiera"* y *"Para Enamorarte"*, *"Reggaeton lento"* cuentan con millones de views. Nos hablan sobre la importancia de trabajar en grupo.

—**Ari Global:** ¿Cuál dirían que es el mayor reto de trabajar en grupo?

—**Zabdiel de Jesús:** Yo creo que poder entenderse y poder aceptar, aunque no sean tuyas, saber si una idea es buena, escuchar. Creo que hemos aprendido a llevarnos súper bien y a entendernos.

CONVIERTE TODO EN AMOR

Todo lo que hagas hazlo con la energía del amor. La luz es amor y el amor es luz. Aprende a transmutar el miedo en amor. El miedo es oscuridad y el miedo nos da mucha inseguridad, desconfianza, nos bloquea y nos impide avanzar. En cambio cuando caminamos con amor, caminamos con confianza, con seguridad, con una energía espectacular. A cualquier duda que tengas la respuesta siempre tiene que ser: con amor.

El amor es pasión y la pasión te lleva a lugares maravillosos. Vivimos en un universo donde todos estamos unidos y cada vez que actuamos con amor favorecemos al otro. Busca lo que te hace feliz y apuesta con amor. Vivir con amor es una de las cosas más lindas, dar amor y estar abiertos a recibir amor, todo lo que se hace con amor sale mejor, haz las cosas de corazón.

Como seres humanos todos tenemos momentos de miedo, desconfianza, bloqueos, resistencia, inseguridades y mientras sigamos caminando con ese sentimiento atraerás más de lo mismo, y esos bloqueos y resistencias serán cada vez más frecuentes.

Pero cuando decides hacer un cambio de actitud y realmente abrirte al amor, confiando, dando y recibiendo, es como un sentimiento de libertad, donde te darás cuenta de que todo fluye y que inclusive se darán cosas mágicas y lindas. Tener coraje y actuar con amor es una decisión valiente. Esto no quiere decir que tengamos miedo al hacer las cosas, esto quiere decir que aunque tengamos miedo actuamos con amor, porque sabemos que es el mejor camino.

Elige siempre el amor ante el miedo y visualiza todo con amor, paz y armonía, actúa siempre con buena voluntad y sé el reflejo de lo que quisieras ver en este mundo. Tarde o temprano todo lo que hagas bien o mal se multiplicará.

Así que si quieres transformar tu vida haz todo el 100x100 con amor y desde el corazón y verás cómo las cosas se te devuelven con amor.

ENTREVISTAS A CELEBRIDADES EN "ARI GLOBAL SHOW" SOBRE LA IMPORTANCIA DE CONVERTIR TODO Y HACER LAS COSAS CON AMOR.

♦ IVY QUEEN

Mejor conocida como "La caballota" y "La reina del reggaeton". Es una de las mujeres que le abrió el camino a otras mujeres en el mundo del reggaeton . Nos invita a que hagamos las cosas con amor, hacer más empáticos y tener fe.

—**Ari Global:** La canción "Antídoto" dice: "El corazón restauraremos, llenos de fe caminaremos, contagiémonos de amor". Háblanos sobre esta linda reflexión.

—**Ivy Queen:** Siempre voy a declarar y a pedir que la sanación nos llegue a todos y a cada uno, porque desde antes de la pandemia me tocaba a mí tratar de darle paz y sosiego a mi familia en Puerto Rico, habían pasado por el huracán (María) y luego del huracán unos temblores horribles, y entonces siempre he sido portavoz de darle ánimo a las personas, y en "Antídoto", cuando escribí ese verso: "Contagiemonos de amor, que la familia sea la unión, que el futuro es un incierto y el presente es un regalo" porque cada persona estaba en su caparazón, estaba más pendiente de ellos y la falta de empatía, todo lo que estoy diciendo en la canción de "Antídoto", son cosas que estaba viviendo, que me estaban sucediendo. Esto solamente es un despertar de conciencias esperando de corazón que, cuando la gente salga de esto de alguna manera, sea más empática.

♦   CAMILO

Fue la entrevista más escuchada en Spotify. Ha colaborado con artistas como Shakira, Selena Gomez, Ozuna, Pablo Alborán, Sebastian Yatra y Rauw Alejandro. Camilo es uno de los artistas más sonados del momento. También es conocido por tener una de las relaciones más bonitas y sanas de la industria junto a Eva Luna, nos cuenta sobre la clave del amor.

—**Ari Global:** Aparte de que tienen un maravilloso talento, muchas personas los siguen por ese amor que transmiten en su relación ¿Cómo te sientes que están impactando tantas vidas? ¿Cuál es la clave para tener un amor sano y puro?

—**Camilo:** La manera como se manifieste esto que estoy por decir cambia en cada pareja, por su puesto, pero yo creo que hay dos cosas que son importantísimas y universales en el amor: Una es el servicio a la otra persona, "aquí estoy para servirte y hacerte la vida más bonita", "¿Cómo puedo hacerte la vida más bonita?"; y la segunda es el disfrute "¿De qué manera podemos disfrutar esto cada vez más?". Obviamente, en cada relación el disfrute es diferente y en cada relación el servicio es diferente, porque las personas son diferentes, pero si en una relación las dos personas están directamente entregadas y consagradas al servicio y el disfrute de una relación, tienen entonces el camino abierto por delante.

—**Ari Global:** Y entender el lenguaje del amor.

—**Camilo:** Ahí por ejemplo el servicio es muy complicado porque cada persona tiene un lenguaje del amor diferente, entonces si uno no conoce los lenguajes del amor de la persona que estás por servirle, de pronto estás haciendo cosas que para ti significan mucho y para esa otra persona nada, entonces es por eso que es tan diferente.

♦ LUCIANO PEREYRA

Tuve el placer de entrevistar a Luciano quien lleva más de 20 años de carrera artística. Ha vendido más de un millón de discos alrededor del mundo y se ha posicionado en el ranking número 1 en ventas en radio y en Itunes. Nos habla de cómo el amor nos puede transformar.

—**Ari Global:** Tu canción dice "me enamoré de ti y no me lo esperaba, entraste sin permiso en mi vida". ¿De qué manera nos puede sorprender el amor?

—**Luciano Pereyra:** De todas las maneras habidas y por haber porque cuando uno menos lo espera llega el amor. Entonces uno a veces anda buscando y buscando pero cuando el verdadero amor llega te toma por sorpresa.

Cuando tienes sorpresas son fabulosas, imagínate en el amor, cuando el amor te sorprende sin que lo esperes es una bendición.

◆ STORM REID

Es una de las jóvenes actrices de Disney que tuvo la oportunidad de actuar junto a Oprah Winfrey para la película *A Wrinkle in Time*, que nos enseña que todo en la vida es posible y que con amor podemos superar todos los obstáculos.

—**Ari Global:** ¿Cómo crees que se puedan relacionar los jóvenes con la historia de la película?

—**Storm Reid:** Creo que esta historia tiene un mensaje muy bonito, básicamente dice que tú puedes ser única y no tienes que conformarte con lo que las personas piensen que debes hacer, lo que ellos quieren que tú hagas, y que puedes encontrar y abrazar tu luz interna para combatir la oscuridad, creo que esto es muy importante porque hay mucha oscuridad y división en nuestro mundo ahora mismo.

◆ NASHLA BOGAERT

Es una actriz, bailarina y presentadora de televisión dominicana. Es reconocida por sus papeles en las películas ¿Quién Manda? *Código Paz* y *Reinbou Bogaert*. Es también coproductora de *Dominicana's Got Talent*, la versión dominicana del formato televisivo de telerrealidad *Britain's Got Talent* de Simon Cowell. Nos habla de la importancia de compartir mensajes de positivismo, amor.

—**Ari Global:** Te acabas de unir al proyecto *The Love Peace Joy Creativity Project*, que da luz en tiempos oscuros. ¿De qué manera crees que podemos ser luz y amor en estos momentos difíciles y de desesperación?

—**Nashla Bogaert:** Dicen que para tú poder reconocer la luz tienes que estar en un lugar de oscuridad. Lo mismo a la inversa, para saber qué es la oscuridad debes estar en la luz, como el principio básico de una filosofía. A veces cuando damos todo por sentado, solemos olvidar la importancia de las cosas que no se tocan: el amor a través de las palabras, la belleza de vivir, la belleza de poder respirar, de tener salud. Cuando prescindimos de ellas entonces nos damos cuenta del gran tesoro que tenemos. Para mí esta cuarentena, este proceso de distanciamiento social y de pandemia, nos ha puesto en un espejo para reconocer finalmente, las cosas que dan sentido a la vida. Los abrazos, los besos, la compañía, el reír con amigos, el estar cerca de tu familia. Todas esas cosas que se nos ha arrebatado en este tiempo han cobrado mucho más valor y yo estoy segura de que en esta nueva era, después de este proceso que nos tocó vivir como sociedad, vamos a ponderar mucho más las cosas que son importantes, vamos a darle el peso necesario. El crecer en sociedad representa también el tú poder tener la capacidad de crear con la inspiración de gente que te rodea, seguir el ejemplo de ejemplos de personas que tal vez lo que hacen es compartir algo que les haya funcionado, algún camino hacia la felicidad que les haya funcionado, sabiendo que ninguna de las personas tiene la verdad absoluta de las cosas, ni tampoco la clave total del éxito.

♦ LITZY

Es una gran actriz y cantante latinoamericana con la que tuvimos la oportunidad de hablar sobre la serie "Manual para Galanes". Nos contó sobre el principal mensaje de esta serie que está basado en la importancia del amor y de amarnos a nosotros mismos.

—Ari Global: En esta serie crean una escuela del amor donde inventan unos métodos de seducción. Háblanos sobre estos métodos de seducción. ¿Qué vamos a poder aprender sobre estos expertos del amor?.

—Litzy: Los consejos están muy buenos, pero creo que el principal mensaje de esta serie es amarse a uno mismo, aceptarse tal cual, no tener inseguridades o tratar que esas inseguridades que tenemos no afecten en nuestra vida diaria, en nuestra convivencia, que seas tú, que te sientas libre, que puedas entregar el amor desde el corazón, que no sea una cosa impuesta o que sea una cosa para aparentar.

—Ari Global: Yo creo que esa es una de las enseñanzas más bonitas de la serie, de tener seguridad y confianza en uno mismo a la hora de encontrar el amor. ¿Pero cómo crees que podemos conseguir esa confianza, esa seguridad en nosotros mismos a la hora de amar y ser amados?.

—Litzy: Es complicado, se dice fácil pero requiere trabajo de uno aceptarse y quererse, es un camino de amor a odio, a veces nos sale muy bien y a veces no.

—Ari Global: Y es todos los días, es un trabajo diario.

—LItzy: Sí, entonces tenemos que estar muy pendientes siempre de no olvidarnos de quienes somos, de las cosas buenas que tenemos. Todos tenemos defectos, eso es así, pero hay que resaltar nuestras virtudes y sentirnos cómodos con nosotros mismos, y yo creo que ahí está la clave de todo, ahí puedes conquistar el mundo si quieres.

♦ MARK WAHLBERG

Mark Wahlberg es uno de los actores más reconocidos en Hollywood. Ha sido nominado al Oscar y recibió una estrella en el paseo de la fama de Hollywood. Tuve el honor de entrevistarlo con motivo de una película muy inspiracional que habla de amor, la fe ,la esperanza, que nos muestra que los milagros son posibles .

—**Ari Global:** "Father Stu" es una película basada en una historia real, que sigue la vida de padre Stuart, un boxeador que se convirtió en cura e inspiró un sin número de personas durante su recorrido desde la autodestrucción hasta la redención. Creo que esta historia puede impactar a millones de personas. Cuando escuchaste sobre esta historia, ¿te sentiste relacionado con la vida de padre Stuart respecto al pasado, el presente, y la búsqueda de un propósito .

—**Mark Wahlberg:** Absolutamente me puedo identificar y relacionar con mi propio viaje de redención y poder conseguir mi propósito a través de mi fe, por que Dios puso tantas cosas maravillosas en mi vida y poder conseguir mi propósito a través de mi fe, porque dios puso tantas cosas maravillosas en vida y que iba hacer yo con esas bendiciones, y al escuchar su historia pensé " wow esta es una oportunidad para mí para compartir su historia y utilizar la plataforma que he podido crear a través de las bendiciones que han caído sobre mi ." Y si supe especialmente que ahora tendría un impacto muy profundo en todas las personas, porque todos estamos pasando por algo y todos estamos lidiando con los nuevo retos que el mundo nos pone y a todos nos tienen que recordar sobre la esperanza, la fe y sobre todo el amor y el apoyo.

EN DEFINITIVA, SI QUIERES TRANSFORMAR TU VIDA...

Los temas, ideas y principios que hemos tratado en el libro nos demuestran que, si los aplicamos a nuestro entorno personal y profesional, podemos alcanzar lo que soñamos, superando cualquier límite. Muchos de nuestros invitados lograron transformar sus vidas poniendo en práctica estas ideas, por más imposible que parecieran sus propósitos al inicio de sus carreras. Cada uno de ellos compartió consejos que refuerzan los temas, tales como la importancia de atreverse y ser apasionados, creer en uno mismo, contar con la disciplina, practicar la persistencia, aprender de los fracasos, no dejar perder las oportunidades, confiar en uno mismo, superar los miedos con certeza y convicción.

Estas son solo algunas de las claves de las que podemos aprender de algunas de las figuras más importantes del mundo del entretenimiento. Así que no hay excusas, ni sueños imposibles para nadie. Si de verdad quieres algo en la vida, lo puedes conseguir, pensando siempre en positivo. Lo que te propongas es posible, todos nos merecemos lo mejor y todos tenemos la capacidad de transformar nuestra realidad.

AGRADECIMIENTOS

Quiero agradecer principalmente a mi familia, ya que para mí la familia lo es todo. En especial a mi papá, Pedro Plaza Salvati, autor de varias novelas, libros de crónicas y cuentos, cuya pasión por la escritura me llevó a la aventura de este primer libro. A Ana, la esposa de mi papá, que se ha convertido en una de las personas mas especiales en nuestras vidas. Gracias a sus ideas y apoyo es posible este libro. A mi mamá, Beatriz Roche Cisneros, porque gracias a ella he aprendido los verdaderos valores de la vida, ella es mi guía espiritual. A mi abuela, Marión Cisneros, que siempre ha ayudado a toda la familia de muchas maneras y gracias a ella hemos podido realizar muchas cosas en la vida. A mi hermano Guillermo Plaza, una de las personas que más admiro, en lo personal y profesional. A mi mejor amiga, "my sister" Alba Fernández Barreiros, que siempre ha estado en mi vida en las buenas y en las malas. Me siento muy agradecida y afortunada de contar con unos maravillosos primos y tíos en distintas partes del planeta, con quienes he compartido momentos muy valiosos.

Agradezco a todas las amistades que he tenido la suerte de tener en distintas ciudades y que han dejado una huella para ser quien soy hoy en día.

A todas las personas que han hecho posible Ari Global Show. Agradezco a los editores, productores, publicistas, camarógrafos, y todas las demás personas que han formado parte del show y han creído en mí. Sin ellos sería imposible "Ari Global Show".

A cada artista que compartió parte de su tiempo, sus vivencias, su sabiduría y nos brindaron tantos maravillosos consejos sobre cómo puede uno transformar su vida al 100 X 100 .

Y te agradezco a ti, "lector", por dedicar parte de tu tiempo para leer este libro, con la esperanza de que tenga un impacto positivo en tu vida.

Gracias a todos, los quiero.